Principios
de
Educación Cristiana

Principios de Educación Cristiana

Pablo A. Jiménez

ABINGDON PRESS / Nashville

PRINCIPIOS DE EDUCACIÓN CRISTIANA

Derechos reservados © 2003 por Abingdon Press

ISBN 0-687-03716-6

Contenido

Prefacio

ℒa lectura de este libro ha despertado en mí la memoria de unas palabras que se encontraban empotradas a la entrada de la escuela donde asistí de niño. Eran una frase famosa de uno de nuestros próceres patrios: «Instruir puede cualquiera; educar, sólo quien sea un evangelio vivo».

De eso se ocupa este libro: de la diferencia entre instruir y educar. Dicho en pocas palabras, la diferencia está en que la instrucción informa, mientras que la verdadera educación forma y transforma. Ciertamente, la instrucción es necesaria. Para ser buen arquitecto no basta con tener buen sentido estético; también hay que saber física. Para ser buena abogada, no basta con tener un sentido de justicia; también hay que conocer las leyes. Es por medio de la instrucción que el futuro arquitecto o la futura abogada aprenden física el uno, y leyes la otra. Sin tal instrucción, fracasarán. Los edificios del arquitecto se desplomarán, y la abogada no ganará un juicio.

De igual modo, en la vida cristiana la instrucción es necesaria. Sin buena información es difícil ser buen cristiano. Hay creyentes que creen que basta con la buena voluntad, o con mucha oración, o con la adoración ferviente. Pero el hecho es que todo eso no basta para ser obedientes a Dios en el mundo en que vivimos. A diario nos topamos con situaciones en las que es necesaria la instrucción cristiana. Por ejemplo, cuando se nos acerca alguien enseñando una nueva doctrina, ¿cómo hemos de juzgarla si no hemos sido instruidos en la fe? Otra persona nos pregunta qué es lo que creemos, ¿cómo hemos de decírselo si no sabemos expresar nuestra fe? ¿Cómo hemos de responder a sus preguntas, si no hemos aprendido algo de las respuestas cristianas? Incluso nos podemos encontrar en medio de una situación en la que hay que tomar una decisión pero las alternativas son ambiguas. ¿Cómo hemos de evaluar esas alternativas, si no hemos aprendido a hacerlo?

Por todo esto, y por muchísimas otras razones, la instrucción es necesaria en la vida cristiana. Debemos saber cuáles son los libros de la Biblia, sobre qué tratan, cuál es su propósito. Debemos conocer la doctrina cristiana, qué enseña sobre temas de la vida íntima, así como sobre cuestiones de actualidad. Debemos saber cómo es que viven y sirven a Jesucristo los creyentes en otras partes del mundo, y lo que nos pueden enseñar a partir de su experiencia. Debemos saber algo de nuestros antepasados en la fe, que son parte de la misma iglesia de Jesucristo, y cuyas luchas pueden servir de guía para las nuestras.

Sin instrucción, no sabremos nada de esto. Sin instrucción, nuestra vida cristiana flaqueará, y quizá hasta se desplomará, como el edificio construido por el arquitecto que desconozca las leyes de la física.

Pero no basta con la instrucción. La verdadera educación va mucho más allá. La educación no se limita a llenarnos la cabeza de datos, sino que forma el carácter y transforma la vida. El arquitecto que sabe mucha física, pero cuyo sentido estético no se ha desarrollado, no puede ser buen arquitecto. La abogada que conoce todas las leyes, pero tiene poco sentido o atracción por la justicia, podrá ganar pleitos, pero no será buena abogada. Así pues, en la iglesia al mismo tiempo que instruimos, nuestra meta ha de ser formar y transformar. Es decir, no leemos la Biblia solamente para enterarnos de que David mató al gigante. Eso puede ser un dato interesante, pero no basta. Leemos la Biblia para que ella nos transforme, nos haga cada vez más como nuestro Dios quiere que seamos. Ser creyentes bíblicos no significa saber la Biblia de memoria, sino llevarla de tal modo en el corazón, que ella informe toda nuestra vida y todos nuestros pensamientos.

Cuando en una congregación surge una desavenencia, quienes solamente tienen información bíblica se atacan unos a otros con versículos bíblicos (y existen casos donde la Biblia parece convertirse en un arsenal de donde sacamos piedras para tirarnos unos a otros). Pero en medio de esa desavenencia, los hombres y mujeres que han sido formados por la Biblia buscan la reconciliación, tratan de comprender a los demás, evitan la maledicencia, practican el amor. En fin, que son personas bíblicas en el sentido más completo y mejor del término.

Es por esto que, mientras cualquiera puede instruir, la educación cristiana requiere que encarnemos el evangelio; que seamos —como decía aquella inscripción en la pared— *evangelios vivos*. Para ser maestra o maestro de escuela bíblica es cierto que hay que conocer la Biblia, ¡pero también hay que vivirla! Hay que saber explicar todo lo que el amor requiere, ¡pero también hay que practicarlo! En fin, que mientras «instruir puede cualquiera; educar, sólo quien sea un evangelio vivo».

Pero hay más. Nuestro Dios mismo es educador. Y la educación no es solamente una más de las tareas de la iglesia, es la tarea esencial. De igual manera que cuando nos presentamos ante una clase de escuela bíblica sabemos que quienes están ante nosotros todavía no son todo lo que han de ser, así también nuestro Dios, al mirarnos y al mirar al mundo, sabe que todavía no somos todo lo que hemos de ser. El mismo Dios que creó es también el Dios que dirige su creación hacia sus fines eternos, y en buena medida lo hace como quien educa. Bien podría decirse que la Biblia es la historia de la educación del pueblo de Dios. El Dios que formó al ser humano del polvo de la tierra sigue formando al ser humano, transformándolo a Su imagen, y para que todos seamos capaces de comunión con el Eterno.

Por lo tanto, la educación cristiana es mucho más que el medio por el cual instruimos a las nuevas generaciones en la fe. Es mucho más que el programa que hemos desarrollado para que nuestra feligresía estudie la Biblia. Es mucho más que los materiales curriculares que nuestras denominaciones y otras agencias publican. La educación cristiana, en su sentido pleno, es unirnos al Dios educador, participar en su tarea de formar y transformar a la creación, y de tal modo que —juntos— todos podamos crecer hasta la medida de la plenitud de la estatura de Cristo.

Es a participar en la gran tarea que Dios se ha propuesto para su creación que este libro nos invita. Aceptemos la invitación con valor y decisión, sabiendo que quien nos guía es el verdadero y único Maestro; y quien con su encarnación, con su vida entre nosotros, nos ha mostrado lo que es en verdad «un evangelio vivo».

Justo L. González
Decatur, Georgia
octubre del 2003

Introducción

$\mathcal{M}$i relación con la educación cristiana, en general, y con la escuela bíblica dominical, en particular, comenzó temprano en mi vida cristiana. Apenas tenía seis meses de haber sido bautizado cuando me nombraron maestro suplente de la clase de jóvenes. Lo interesante es que yo también era un joven de 16 años de edad, que carecía de las credenciales educativas, de la experiencia cristiana y del adiestramiento teológico necesario para servir como maestro. Sin embargo, el liderazgo de mi congregación me asignó la clase y yo, entusiasta, hice lo mejor que pude.

Con el tiempo me vi en otra situación similar. Ya siendo un ministro ordenado, mi denominación me llamó a servir como director de nuestro Instituto Bíblico en Puerto Rico y como consultor para materias educativas. Aunque a estas alturas de la vida ya tenía tres grados universitarios —dos de los cuales eran en el campo de la teología— carecía de un grado formal en el campo de la educación. Una de mis tareas era visitar congregaciones y ofrecer talleres para maestros y maestras de escuela bíblica dominical. Esto me puso en una situación difícil, pues muchas de las personas que asistían a estos talleres eran maestros y maestras de escuela y hasta de universidad y sí tenían grados en educación. Todo esto me forzó a estudiar —de manera autodidacta— el interesante campo de la educación cristiana en la iglesia local.

La experiencia de ofrecer talleres de capacitación me llevó a comprender dos cosas muy importantes. La primera fue que la inmensa mayoría de las personas que ofrecían clases de escuela bíblica dominical no eran profesionales en el campo de la educación. Por el contrario, entre otros oficios y profesiones, eran amas de casa, contables, secretarias, campesinos u obreros de construcción. Lo segundo es que —desde mi perspectiva— las congregaciones cristianas por lo menos deberían ofrecer dos talleres cada año para maestros y maestras de escuela bíblica dominical. En parte, esto último se deriva de lo primero. Nuestras congregaciones necesitan preparar nuevos maestros y maestras para poder cumplir con la tarea educativa de la iglesia.

Así pues, el propósito de este libro es servir como recurso para las personas que ofrecen talleres sobre el tema de la educación cristiana en la iglesia local. También está dirigido a quienes desean servir como maestros y maestras a pesar de carecer de instrucción formal en el campo de la pedagogía. Por eso está escrito en lenguaje sencillo y hasta esquemático. Nuestro objetivo es que su contenido esté al alcance del liderazgo de la congregación.

Además de ser un recurso para la congregacioón en general, este libro bien podría ser usado como texto en institutos bíblicos a los que muchos hombres y mujeres asisten para aumentar su conocimiento y mejorar sus habilidades docentes.

Con toda seguridad, habrá algunos lectores y lectoras que busquen un acercamiento más académico y más amplio sobre la educación cristiana. Estas personas encontrarán valiosos recursos en los trabajos que citamos en la bibliografía.

El libro se divide en seis capítulos. En el primero definimos el concepto «educación cristiana» y detallamos las implicaciones teológicas de esa definición. El segundo, además de describir el perfil del educador cristiano, traza las características y las actitudes a las que todo maestro y toda maestra debe aspirar. En el tercer capítulo explicamos cómo se debe organizar el trabajo educativo en una congregación, prestando especial atención a las labores que debe desempeñar el comité de educación cristiana. En el cuarto abordamos el asunto del diseño de la clase, y ofrecemos un sistema sencillo para desarrollar un plan de clase. El quinto capítulo describe los recursos y las destrezas que son necesarias para manejar la Biblia con efectividad. En el último capítulo ofrecemos técnicas y actividades educativas que se pueden emplear para hacer la clase mucho más interesante. El libro termina con una breve bibliografía sobre el tema de la educación cristiana.

No puedo dejar de agradecer a todas las personas e instituciones la ayuda brindada a lo largo de mi carrera como educador cristiano. En primer lugar, le doy las gracias a la Dra. Irene de Foulkes, quien fuera decana en el Seminario Bíblico Latinoamericano, durante mi estancia allí. La Dra. Foulkes estableció un acuerdo con la Universidad de Costa Rica, por medio del cual expertos en el área de la pedagogía adiestraron a la facultad del seminario en esta disciplina. Este programa me ayudó a ser un mejor maestro.

Le doy las gracias a la Iglesia Cristiana (Discípulos de Cristo) en Puerto Rico (ICDC) porque me dio la oportunidad de servir como director del Instituto Bíblico Rev. Juan Figueroa Umpierre; y al Rev. Elías Cotto Cruz, porque, cuando fue Pastor General de la ICDC, me escogió para servir en aquella posición.

Al Dr. Justo L. González le agradezco que me diera la oportunidad de servir como Director Ejecutivo de la *Asociación para la Educación Teológica Hispana* (AETH). Los cinco años que invertí desempeñando esa función fueron determinantes para mi desarrollo profesional.

También agradezco a la Dra. Esther Díaz Bolet, presidenta de AETH, al Dr. Jorge E. Maldonado, presidente del Comité de publicaciones de AETH, y al Dr. Daniel Dávila, secretario ejecutivo de AETH, la publicación de este libro.

Finalmente, deseo dedicar este libro al Rev. Domingo Rodríguez, quien fuera mi pastor en la ICDC en la Avenida Universidad en la ciudad de Bayamón, Puerto Rico. El Rev. Rodríguez me bautizó, me nombró maestro de escuela bíblica dominical y, poco tiempo después, me recomendó como candidato para el ministerio. Si hoy puedo escribir este libro —o cualquier otro libro relacionado a la fe cristiana— se debe al cuidado pastoral que el Rev. Rodríguez me ha ofrecido, incluso hasta el día de hoy.

1. El propósito de la educación cristiana

$\mathcal{L}$a educación cristiana, sin lugar a dudas, es una de las áreas de trabajo más importantes de la iglesia local. Cuando lo consideramos detenidamente, encontramos que la educación cristiana es uno de los medios a través de los cuales se canaliza el desarrollo de la misión de la iglesia. En todas las actividades de la iglesia hay un momento de reflexión bíblica y teológica: en algunas ocasiones dicha reflexión *precede* a la acción, como cuando tomamos talleres de capacitación antes de implantar un programa o llevar a cabo una actividad; en otras, la reflexión se hace *después* de la actividad. Sin embargo, la mayoría de las veces la reflexión es parte del proceso, es decir, se hace *durante y a la par* que la acción.

Nos arriesgaríamos a decir que tal vez casi todas las personas que ahora estamos involucradas en la educación cristiana fuimos nombradas por nuestra madurez en la fe, nuestras habilidades y nuestro buen testimonio en la comunidad, pero carecíamos de adiestramiento alguno cuando tuvimos nuestra primera experiencia como maestros o maestras de escuela bíblica dominical. Ya sumergidos en la práctica de la educación cristiana, tomamos tiempo para leer algunos libros sobre el tema, participar en talleres de capacitación, matricularnos en el instituto bíblico local y reflexionar sobre la importancia del ministerio educativo de la iglesia. Los conocimientos adquiridos en estos procesos educativos informaron nuestra práctica de la educación cristiana y nos condujeron a modificar nuestra manera de aprender y de enseñar. Así pues, nos damos cuenta de que la acción y la reflexión forman parte de un proceso circular, la una lleva necesariamente a la otra.

En este sentido, el estudio de las Escrituras y de la fe cristiana es crucial para el buen desarrollo del trabajo de la iglesia. Para funcionar eficazmente, todas las demás áreas de trabajo —misiones, evangelización, administración, mayordomía, consejo y orientación— necesitan de la reflexión y capacitación que provee la educación cristiana. Del mismo modo en que la sangre transporta el oxígeno que necesitan las distintas partes del cuerpo para funcionar bien, la educación cristiana provee la reflexión bíblica y teológica que los distintos comités y las diversas entidades de la iglesia necesitan para cumplir con la misión que les ha sido encomendada.

Otra importante área de la tarea educativa de la iglesia de Jesucristo es el desarrollo y adiestramiento de líderes cristianos. Es a través de la educación cristiana que nuestras comunidades de fe capacitan a sus líderes laicos y sus agentes pastorales para que desarrollen efectivamente su ministerio. Por medio de la educación y la reflexión teológica, el liderazgo de nuestras iglesias locales desarrolla tanto las destrezas técnicas como los valores necesarios para pastorear a nuestra sociedad.

A estas alturas cabe preguntar si tenemos claro en nuestras mentes lo que es la educación cristiana. ¿A qué nos referimos cuando usamos este término? ¿Cómo podemos definir este concepto? En este capítulo intentaremos contestar estas preguntas. La primera sección define el concepto de «educación cristiana», mientras que en la segunda, presentaremos una breve reflexión sobre las implicaciones que esta definición tiene para nosotros en la actualidad.

I. ¿Qué es la educación cristiana?

Para definir a la educación cristiana es necesario partir del concepto general de «educación». Podemos definir la educación como «el proceso a través del cual se transmiten, desarrollan o adquieren conocimientos, actitudes, valores, destrezas o habilidades, normas o modos de comportamiento, prácticas, creencias y sensibilidades».[i] Este proceso educativo forma parte del sistema social en que vivimos; por lo tanto, está condicionado por las realidades sociales que nos rodean.

La educación no es una tarea neutral;[ii] el educador no es una persona que enseña en forma desapasionada y objetiva. ¡Todo lo contrario! La educación siempre se ofrece desde un punto de vista dado y quien enseña siempre transmite sus propios valores, actitudes, creencias y prácticas junto con el material de clase. Es decir, al enseñar la teoría, el maestro o la maestra también está enseñando su propio estilo de vida.

La educación cristiana, por su parte, es el proceso mediante el cual la iglesia busca que su feligresía adquiera y desarrolle conocimientos, actitudes, valores, modos de comportamiento, creencias y prácticas que reflejen la fe en Jesucristo. Como dice el Prof. Daniel S. Schipani:

> «La educación cristiana consiste en los esfuerzos deliberados, sistemáticos y sostenidos, mediante los cuales la comunidad de fe se propone facilitar el desarrollo de estilos de vida cristianos por parte de personas y grupos».[iii]

La primera parte de la definición apunta hacia los aspectos programáticos y administrativos de la educación cristiana en la iglesia local. Así pues, se afirma que la educación cristiana supone un proceso crítico de enseñanza y aprendizaje. Al hablar de «esfuerzos sistemáticos y sostenidos» nos referimos a todo el programa de enseñanza por medio del cual la iglesia busca que la feligresía aprenda más acerca de la fe que confiesa: acerca del bautismo, la Cena del Señor, el regreso de Cristo, y otros temas. Este programa requiere que la iglesia reclute maestros y maestras, adquiera materiales curriculares, libros y revistas de escuela bíblica; que produzca materiales didácticos y provea el espacio necesario para que los grupos de estudio puedan reunirse.

Los distintos grupos de estudio en la iglesia local están compuestos tanto por maestros como por estudiantes, y la educación ocurre por medio de la interacción que se da entre ellos. Es decir, la educación es un proceso en el cual los unos aprenden de los otros.

Desgraciadamente, no todos lo ven de esta manera. Hay quienes consideran a la educación como un proceso por medio del cual el maestro —el «experto» en la materia— procura que los estudiantes memoricen la información ofrecida por medio de las conferencias y las lecturas asignadas. Es decir, se ve al estudiante como una «vasija», un recipiente que el educador o la educadora debe llenar. Esto es lo que Paulo Freire cataloga como «educación bancaria», ya

que la función del alumno se limita a recibir, guardar y archivar los
«depósitos» que debe memorizar y después repetir.[iv] Este tipo de
educación tiende a ser paternalista y opresora, pues ve al estudiantado como un agente pasivo, ignorante, inepto y hasta pere-
zoso, que debe ser guiado por el maestro. En lugar de promover el
desarrollo pleno del individuo, la educación bancaria fomenta la
«domesticación» del educando. Aquí los estudiantes terminan con-
siderándose ignorantes y mirando a quien enseña como la persona
que sabe, la que piensa, la que disciplina y la que actúa. Frente al
maestro, el estudiante es un ser dependiente e indefenso.[v]

En este manual vamos a presentar una visión distinta de la educación. Aquí la veremos como un proceso de enseñanza-aprendizaje en el que tanto maestros como alumnos aprenden los unos de
los otros. Desde esta perspectiva, los maestros y los estudiantes
son «educadores-educandos», porque la educación es un proceso
comunitario propiciado por el diálogo y la interacción que se da
entre maestros y estudiantes.[vi]

Cada participante en el proceso educativo ya tiene un estilo de
vida dado. La educación cristiana provee un espacio para evaluar
—por medio del diálogo y la reflexión— ese estilo de vida a la luz
del mensaje del evangelio, esperando que ello conduzca al creyente a modificar su conducta. De este modo, el «educador-educando» entra en un proceso de «acción-reflexión» donde se evalúa
constantemente su comportamiento a la luz de sus valores y creencias. Así pues, este proceso educativo lleva al creyente a reflexionar
sobre la práctica de su fe con el propósito de evaluar tanto la con-
gruencia de sus acciones respecto a los valores del reino de Dios,
como de demostrar su fe en la forma más efectiva posible. Es decir,
la educación cristiana profética y liberadora es un proceso crítico
de «acción-reflexión» constante que procura el desarrollo y crecimiento integral del ser humano, no su domesticación.

La educación neutral no existe. Como lo indicamos antes, el proceso educativo está condicionado por las realidades sociales que
nos rodean ya que son parte del medio ambiente en que vivimos.
Los materiales curriculares como libros y revistas de escuela
bíblica reflejan los valores y la teología de las casas publicadoras
que los editan y de los autores que los escriben.[vii] Por ejemplo, los
materiales educativos de la Editorial Vida, la casa publicadora de
las Asambleas de Dios, presentan puntos de vista pentecostales.

Por su parte, la revista *El Discípulo*, de la Iglesia Cristiana (Discípulos de Cristo), presenta los puntos de vista de dicha denominación. Además, ambos materiales se escriben para diferentes audiencias. Mientras los primeros se distribuyen por toda América Latina, la segunda revista se distribuye exclusivamente entre congregaciones hispanas en los Estados Unidos y Puerto Rico. Por lo tanto, existen grandes diferencias teológicas, ideológicas y culturales entre estos materiales curriculares. Esto nos enseña que también debemos ser críticos y analizar los materiales curriculares. Con el propósito de determinar si sus ideas son consistentes con la doctrina y las creencias de nuestra denominación, es necesario evaluar cuidadosamente el contenido de las revistas de escuela bíblica dominical que utilizamos en la iglesia local.

Del mismo modo, es preciso recordar que «quien enseña se enseña»; es decir, que al enseñar la teoría, el educador también enseña su propio estilo de vida. Cada maestro o maestra transmite sus propios valores, actitudes, creencias y prácticas junto con el material de clase. Por esta razón, quienes nombran a los maestros de escuela bíblica deben conocer el carácter cristiano y la práctica de la fe de cada persona a ser maestro o maestra. Es importante que ambos sean modelos adecuados para sus estudiantes, particularmente para la niñez, la juventud y los nuevos creyentes que están comenzando su jornada de fe.

Si bien la primera parte de nuestra definición afirma que la educación cristiana es un proceso crítico de enseñanza y aprendizaje constante, la segunda parte apunta a la meta o el propósito de la educación cristiana. La educación cristiana tiene como responsabilidad primaria la capacitación y la motivación del pueblo de Dios para actuar en conjunto en el mundo.[viii] Así que la meta de la enseñanza religiosa en la iglesia local es que la feligresía desarrolle un estilo de vida que refleje valores cristianos. Al hablar de «estilos de vida cristianos» nos referimos al discipulado.[ix] El discipulado cristiano es la imitación del ejemplo y el seguimiento en nuestra vida de las enseñanzas de Jesús de Nazaret (véase Ef. 5:1-2). Así pues, Cristo es nuestro Maestro por excelencia (Mt. 23:8-10), y la vida cristiana consiste en seguir el ejemplo que dio Jesús tanto con sus palabras como con sus acciones durante su ministerio; por lo que la educación cristiana ayuda a que los creyentes aprendan a vivir como Cristo vivió. De este modo, podemos afirmar que la meta de la educación cristiana es que la iglesia se «despoje del hombre viejo», «renueve su mente» y se «vista del hombre nuevo» (véase Ef. 4:17-32). En resumen, la meta de la educación cristiana es crear una nueva humanidad, en el nombre de Jesucristo.[x]

Si recordamos que la transformación del ser humano sólo es posible cuando se adquieren nuevos valores —es decir, cuando se «renueva el entendimiento» (Ro. 12:2 y Ef. 4:23)— debemos concluir que la educación cristiana debe ocupar un lugar privilegiado en la vida de la iglesia de Jesucristo. Los creyentes aprenden los valores del reino de Dios no sólo por medio de la práctica de la fe sino también por medio de la reflexión bíblica y teológica que propicia la educación cristiana. Aprender estos valores bíblicos permite que el creyente entre en un proceso crítico que confronta los valores del Reino con los valores comúnmente aceptados por la sociedad. Este es un proceso de evaluación constante y un proceso educativo que nunca termina.

En nuestro contexto, esa lucha entre los valores del Reino y los valores aceptados por la sociedad alcanza una importancia particular. El pueblo latino e hispanoamericano sufre un bombardeo ideológico constante que le insta a cambiar los valores inherentes a nuestra cultura por prácticas y valores extranjeros. Los medios de comunicación masiva presentan estilos de vida prácticamente inalcanzables, mientras nuestros jóvenes crecen soñando con ser como los protagonistas de las telenovelas y los demás personajes de la televisión, que al terminar el programa han alcanzado fama y fortuna. Estos sueños imposibles llevan a muchas personas a optar por la economía paralela que ofrece el crimen para alcanzar el «avance social» que les niega la economía legal. Lo que es más, aun pastores y ministros caen presa de estos sueños de riqueza fácil. Esto les lleva a degradar tanto el evangelio como sus propios ministerios: terminan predicando el falso evangelio del éxito, y explotando a sus congregaciones para poder alcanzar el nivel económico soñado. En respuesta a todo esto, la educación cristiana busca propiciar un encuentro crítico con los valores del Reino; un encuentro que nos lleve a cambiar nuestra manera de vivir; un encuentro que nos lleve a vivir como Cristo vivió.

Por lo tanto, la vida cristiana se caracteriza por la práctica de la fe. El creyente se caracteriza por su «caminar» en la fe. Por esta razón, la ética cristiana tiene un lugar central en la teología y en la reflexión pastoral de la iglesia cristiana. Esto implica que el currículo de nuestras escuelas bíblicas y de nuestras instituciones educativas debe tener una clara orientación práctica. Buscamos desarrollar creyentes que vivan las implicaciones de su fe en forma práctica; es decir, que en el diario vivir reflejen a Cristo.

Nuestras congregaciones deben romper el aislamiento aprendido a través de algunos modelos antiguos que nos llevaban a separarnos de los demás invocando una teología donde la iglesia era vista como el único espacio «puro», «bueno», en medio de un mundo dominado por las fuerzas del mal. La Biblia nos enseña que toda la creación se convirtió en un espacio sagrado en virtud del sacrificio de Cristo; el velo del templo se rasgó y ahora todos tenemos acceso al «lugar santísimo», es decir, a la presencia de Dios (véase Mt. 27:51 y Heb. 4:14-16). La misión de la iglesia no se limita a lograr que las personas entren en el espacio sagrado de «la congregación de los santos». ¡Todo lo contrario! La misión de la iglesia nos llama a la solidaridad con el pueblo que necesita la liberación del dominio de las fuerzas de la muerte, las consecuencias del pecado, la dependencia económica y la opresión política.

Ahora bien, esta liberación esperada sólo será posible por medio de una práctica liberadora de la fe: una práctica que realmente refleje los valores del reino de la vida en medio de una sociedad azotada por el poder de las fuerzas de la muerte. Así, cuando vivamos en forma práctica nuestro compromiso con el Cristo de la fe, estaremos cumpliendo la meta de nuestra vida: Vivir como Cristo vivió «para alabanza de la gloria de Dios» (Ef. 1:6, 9 y 14).

En resumen, este entendimiento de la educación cristiana nos debe hacer preguntarnos cuál es la meta del programa educativo de nuestra iglesia local. Mucho más que simplemente «ganar almas», «enseñar la Biblia», «mejorar la calidad de los miembros» o «aumentar el número de la asistencia», nuestra meta debe ser que los hermanos y las hermanas de nuestra iglesia local desarrollen estilos de vida cristianos.[xi] No debemos conformarnos con menos; no podemos dejar de aspirar a nada más.

II. *Implicaciones para el ministerio de la iglesia*

Queda establecido que el propósito de la educación cristiana es modelar y formar el carácter del creyente a la imagen de Cristo. El ministerio educativo de la iglesia tiene la tarea de *formar* el carácter, las habilidades y el comportamiento del creyente; *informar* la mente, la práctica de la fe y la vida devocional; y *transformar* los valores de las personas, las comunidades y las instituciones.[xii] En esta sección exploraremos algunas de las implicaciones prácticas que tiene esta definición para el ministerio educativo de la iglesia.[xiii]

A. *La educación cristiana busca que el pueblo de Dios conozca las Escrituras.*

La primera implicación se relaciona con el lugar privilegiado que ocupa la Biblia en la vida de la comunidad cristiana. La iglesia afirma que por medio de las Sagradas Escrituras el ser humano tiene acceso a la Palabra de Dios encarnada en la persona de Jesús de Nazaret y testificada por la comunidad cristiana primitiva. Por lo tanto, la lectura, el estudio y la interpretación del texto bíblico —iluminada por la inspiración del Espíritu Santo— propicia el encuentro salvífico entre Dios y la humanidad. De igual manera el estudio bíblico es un elemento crucial en el desarrollo moral y espiritual del pueblo de Dios. Esta afirmación explica por qué la Biblia ocupa un lugar central en el ministerio educativo de la iglesia.

La educación cristiana provee oportunidades para realizar el estudio de la Biblia y la teología con el propósito, por un lado, de propiciar ese encuentro salvador; y, por el otro, iniciar al pueblo de Dios en el camino del crecimiento cristiano. En este sentido, el ministerio educativo de la iglesia busca que la congregación comprenda la importancia del estudio de la Biblia para el desarrollo de la vida cristiana; es decir, desea que el pueblo de Dios entienda que la lectura e interpretación de las Escrituras es fundamental para alcanzar madurez como creyentes y como seres humanos.

En resumen, la educación cristiana busca que personas de diversas edades puedan estudiar la Biblia de forma provechosa. Uno de los objetivos del ministerio educativo de la iglesia es lograr que —por medio del estudio y la interpretación de las Escrituras—

cada persona tenga un encuentro de fe con Dios y desarrolle un estilo de vida cristiano.

B. La educación cristiana busca que el pueblo de Dios madure en la fe.

La segunda implicación recalca la relación que existe entre el ministerio educativo de la iglesia y la madurez cristiana. Para alcanzar dicha madurez, es necesario que el creyente comprenda su «identidad cristiana». Al hablar de identidad cristiana, nos referimos a la comprensión plena de las implicaciones prácticas de la fe en la vida del creyente. Si el propósito de la educación cristiana es fomentar el desarrollo de estilos de vida congruentes con el mensaje del evangelio, es crucial que cada miembro de la iglesia entienda que sus actos deben demostrar la fe que profesa. Cuando una persona afirma que es cristiana, también está expresando un profundo compromiso con Dios y con los demás. Este compromiso debe llevarle, entre otras cosas, a practicar la solidaridad con los demás, a luchar por la paz y la justicia, y, en fin, a vivir para la gloria de Dios.

Una de las señales de la madurez cristiana es el desarrollo del juicio crítico. Como afirma Hebreos 5:14, los creyentes que «por el uso tienen los sentidos ejercitados en el discernimiento del bien y del mal» están alcanzando madurez en la fe. Es decir, quien va hacia la madurez cristiana también está desarrollando los criterios necesarios para entender su realidad, establecer la diferencia entre el bien y el mal, y determinar la conducta apropiada a su situación de vida. El creyente debe ejercer su juicio crítico constantemente: en la iglesia, evaluando los sermones y los estudios bíblicos que escucha; en el hogar, evaluando si su vida familiar refleja los valores bíblicos de amor, fidelidad y respeto mutuo; en su trabajo, evaluando si las prácticas de su compañía y las órdenes que sigue son congruentes con el mensaje del evangelio; y en el mundo, procurando el desarrollo de una sociedad más humana y más justa.

Otra de las señales de la madurez en la fe es la toma de responsabilidad y el desarrollo de «disciplina» en su vida espiritual. Como indica Hebreos 5:10-14, la persona inmadura en la fe —que se alimenta de «leche» espiritual, esto es, de las doctrinas más sencillas de la fe— necesita ser llevada de la mano. Por el contrario, quien ha alcanzado madurez —la persona que se alimenta de las doctrinas más profundas— es responsable de sus actos. En otras palabras, la persona madura en la fe desarrolla la disciplina moral y espiritual necesaria para vivir en el mundo de manera responsable.

Del mismo modo, la persona que alcanza madurez comprende que el crecimiento espiritual es una jornada de fe continua. La voluntad de Dios es un camino que debemos explorar diariamente. Nuestro peregrinaje en la fe es un continuo caminar en el que, rodeados por la gran nube de testigos y héroes de la fe que nos han precedido, corremos «con paciencia la carrera que tenemos por delante, puestos los ojos en Jesús, el autor y consumador de la fe» (Heb. 12:1b-2). Para correr con éxito la carrera de la fe, es necesario que el creyente obtenga o desarrolle los recursos espirituales que propiciarán su crecimiento en la fe.

Al hablar de *recursos* nos referimos específicamente a dos elementos. Por un lado, el creyente debe encontrar las herramientas necesarias para enfrentar los cambios de las diferentes etapas de desarrollo y las crisis accidentales por las que atraviesa. Todo ser humano pasa por momentos de cambio, de crecimiento, de duda, de dolor, o de pérdida. Las crisis accidentales son resultado de situaciones sorpresivas: una enfermedad repentina, la pérdida del trabajo, una catástrofe natural, o un accidente. Las crisis de desarrollo son provocadas por el proceso normal de crecimiento: la adolescencia, los noviazgos, el trabajo, los matrimonios, el nacimiento de una hija o la muerte de un padre. Para crecer en la fe, es necesario desarrollar la confianza y la madurez necesarias para enfrentar estas y otras crisis con éxito. Pero esas cualidades no vienen solas ni se forman espontáneamente; es nuestro estudio de la Biblia que nos hace recordar que Jesús dijo: «En el mundo tendréis aflicción, pero confiad, yo he vencido al mundo» (Jn. 16:33), que nos enseñan a superar las crisis y crecer en la fe, y nos fortalece, pues la Escritura nos asegura la presencia del Resucitado con nosotros.

Por otro lado, la madurez en la fe implica el desarrollo de las habilidades necesarias para comprender a los demás y desarrollar buenas relaciones interpersonales. Si el creyente ha de tomar la imagen de Cristo como modelo de conducta, debe saber que las relaciones con los demás —en especial con las personas más necesitadas— son un «lugar teológico» donde se revela la presencia del Crucificado. Como indica la parábola del juicio a las naciones, cuando damos pan a la hambrienta, agua fresca al sediento, hospedaje a la extranjera, abrigo al desnudo, consuelo a la enferma y comprensión al encarcelado, estamos sirviendo al mismo Jesús (Mt. 25:34-46).

Finalmente, la persona que alcanza madurez cristiana debe ayudar a los demás a crecer en la fe. Para esto, es necesario tratar de comprender las necesidades de cada grupo de la iglesia. La congregación se compone de niños y niñas, jóvenes, personas solteras, parejas casadas y personas ancianas. La persona madura en la fe bien puede servir como *mentora* de las demás. Un mentor es una persona de experiencia que sirve como guía o consejera de otra.[xiv] En la Biblia encontramos varios ejemplos de personas maduras en la fe que sirvieron como mentoras: Elías fue mentor de Eliseo; Elí fue el consejero de Samuel, quien a su vez fue el consejero de David; Noemí lo fue de Ruth; Priscila y Aquila lo fueron de Apolo; Bernabé fue mentor de Pablo, y Pablo de Timoteo. Hay muchas personas en nuestras congregaciones que necesitan de la atención y el consejo de aquellos que han alcanzado madurez espiritual.

C. La educación cristiana busca que el pueblo de Dios participe en la vida de la iglesia.

La tercera implicación afirma la importancia de la unidad de la iglesia como cuerpo de Cristo. Como indicamos anteriormente, el propósito principal del ministerio educativo de la iglesia es modelar y formar a los creyentes de acuerdo al ejemplo de Jesucristo. Para lograr este propósito, es importante integrar a cada creyente en la vida de la iglesia. Las personas que se mantienen al margen de la comunidad creyente no desarrollan la práctica de la fe ni adquieren el conocimiento bíblico y teológico que necesitan para alcanzar la madurez cristiana.

Por esta razón, una de las tareas más importantes de la educación cristiana es ayudar a los nuevos creyentes a incorporarse a la iglesia. En este punto debemos establecer una diferencia entre asistir a la iglesia y formar parte de ella. Hay muchas personas que, a pesar de que asisten regularmente a la iglesia, se mantienen al margen de la vida congregacional. Apenas conocen al resto de los miembros de la congregación, pues sólo asisten al servicio de adoración del domingo por la mañana. Por lo tanto, no participan en la escuela bíblica dominical, no asisten a los servicios de oración, ni al estudio bíblico semanal, y tampoco forman parte de las distintas sociedades o confraternidades de la iglesia. Para crecer en la fe, es necesario formar parte de la vida de la iglesia. Es prácticamente imposible alcanzar madurez cristiana para una persona que no comparte con los demás creyentes, no profundiza en el estudio de las Escrituras ni cultiva su vida devocional.

En este sentido, es importante que la educación cristiana provea contextos y recursos por medio de los cuales la gente pueda incorporarse a la vida de la iglesia. El programa educativo de la iglesia debe equipar al pueblo de Dios para participar en la adoración comunitaria; debe procurar que cada creyente conozca los aspectos básicos de la tradición histórica y teológica tanto de la iglesia cristiana universal como de su denominación; debe proveer oportunidades de estudio que promuevan el cumplimiento de la misión de la iglesia (evangelización, adoración, mayordomía, y otras). Finalmente, debe programar oportunidades para que los miembros de la iglesia puedan establecer relaciones significativas que sirvan de apoyo mutuo.

Lo que es más, es importante que el creyente sepa que forma parte de una comunidad más grande que la congregación a que pertenece o la denominación a la cual está afiliada su iglesia local. ¡Por medio de la fe, somos parte de la iglesia universal! Cada creyente es una «piedra viva» en la casa de Dios (1 P. 2:5); cada creyente forma parte del cuerpo de Cristo (1 Co. 12:12-30; Ef. 4:12-16). La persona que se ve a sí misma como parte de la iglesia universal, puede desarrollar con más facilidad relaciones con otros creyentes dentro y fuera de su denominación. Del mismo modo, vive confiada sabiendo que el amor de Dios se manifiesta en todas partes del mundo, en todo tiempo y en todo lugar.

D. La educación cristiana busca que el pueblo de Dios viva en el mundo de forma responsable.

La cuarta implicación explora la actitud del creyente hacia la sociedad. El propósito del ministerio educativo de la iglesia es lograr que los creyentes desarrollen un estilo de vida cristiano.

Necesariamente, este *estilo de vida* se practica en el mundo, en comunidad y en sociedad. Por lo tanto, es importante que el creyente comprenda las implicaciones sociales de la fe cristiana.

Tomemos, por ejemplo, las implicaciones sociales de la doctrina cristiana sobre el pecado. El pecado, más allá de la violación de una regla eclesiástica, es rebelión contra Dios. La persona que practica el pecado antepone sus propios intereses a la voluntad de Dios y a los derechos de los demás. En vez de buscar la voluntad divina, actúa conforme a sus propios criterios y busca su propio beneficio. El pecado, pues, tiene dos niveles: el individual y el comunitario. Violar los derechos de los demás, explotar al pobre y discriminar contra la mujer son pecados comunitarios, al igual que la codicia es un pecado individual. El creyente que comprende las implicaciones sociales de su fe, no participa en la práctica de pecados comunitarios ni respalda a quienes los practican.

En este sentido, la educación cristiana nos conduce a examinar —y modificar, de ser necesario— nuestro estilo de vida individual y el social. Este es un proceso de auto-examen constante que debe llevarnos, entre otras cosas, a desarrollar respeto por la creación y fomentar la preservación del ambiente. Del mismo modo, debe llevarnos a lidiar con temas difíciles de tratar, como la participación del creyente en los procesos políticos y otros asuntos relacionados con la paz y la justicia.

III. *Conclusión*

Como indicamos anteriormente, una de las tareas básicas de la educación cristiana es el desarrollo de líderes que sirvan al pueblo de Dios.[xv] Ahora bien, si hablamos de *líderes*, en plural, es porque en la iglesia de Jesucristo el liderazgo tiene carácter comunitario. La iglesia es un cuerpo cuya cabeza es Cristo (Ef. 1:22-23). Por lo tanto, todo líder cristiano es siervo de Jesucristo y compañero en la fe de los demás creyentes. La persona que ocupa un puesto de liderazgo en la comunidad cristiana —no importa el prestigio, el nivel de desarrollo espiritual o el conocimiento teológico que pueda alcanzar— necesita de otros creyentes, tanto para desempeñar sus tareas como para continuar creciendo en la fe.

El desarrollo de líderes es un trabajo sumamente complejo. Es necesario identificar a personas con potencial de liderazgo, reclutarlas para participar en los diversos programas de la iglesia, adiestrarlas para llevar a cabo su trabajo con efectividad, apoyarlas en el desempeño de sus tareas y reconocer el trabajo que han hecho en bien de los demás. Es necesario llevar a cabo todas estas tareas en forma simultánea y continua. No importa la cantidad de líderes que tenga una iglesia local, es necesario que continúe identificando y reclutando nuevos líderes para el futuro.

El propósito de este manual es ayudar en la capacitación de líderes para uno de los programas más importantes del ministerio educativo de la iglesia: la escuela bíblica dominical. Si bien este capítulo introductorio ha explorado el propósito general de la educación cristiana y las amplias implicaciones de dicho propósito para la vida de la iglesia, el resto del libro tratará temas relacionados al funcionamiento de la escuela bíblica dominical y la preparación de maestros y maestras para este importante programa educativo.

No obstante, debemos recordar que la iglesia local debe preparar líderes para desempeñar otras tareas importantes para la comunidad de fe. Es necesario preparar personas para desempeñar puestos de alta responsabilidad en la iglesia local. La congregación necesita personas que sirvan en la junta de oficiales o de síndicos; diáconos y diaconisas; y ancianos y ancianas, entre otros. Es necesario preparar líderes que puedan ocupar puestos de responsabilidad tanto en los cuerpos denominacionales como en otras instituciones interdenominacionales. Además, es necesario diseñar las estrategias necesarias para fomentar el desarrollo de agentes pastorales y administradores eclesiásticos. Si bien algunas de las ideas expresadas en este manual pudieran ayudar a lograr estos objetivos, el fascinante y amplio tema del liderazgo queda por ahora en el tintero.[xvi] Habiendo dicho esto, pasemos, pues, a considerar el perfil del educador cristiano.

Notas bibliográficas

[i] Elba T. Irrizarry, *Iglesia y educación: El proceso de mediación ideológica* (Guaynabo: Editorial Sonador, 1987), p. 2.

[ii] Irizarry, p. 4. Véase, además, a Paulo Freire, *Las iglesias, la educación y el proceso de liberación humana en la historia* (Buenos Aires: Asociación Editorial La Aurora, 1974).

[iii] Daniel S. Schipani, *El Reino de Dios y el ministerio educativo de la Iglesia* (Miami: Editorial Caribe, 1983), p. 13. Véase, además, John H. Westerhoff, *¿Tendrán fe nuestros hijos?* (Buenos Aires: La Aurora, 1973).

[iv] Paulo Freire, *Pedagogía del oprimido* (México: Siglo XXI, 1970), p. 72.

[v] Para un estudio detallado de la dicotomía entre educador-educando en el entendimiento bancario de la educación, véase a Freire, pp. 71-95.

[vi] Freire, pp. 99-107.

[vii] Pablo A. Jiménez, «El propósito de la educación cristiana», *Lecciones cristianas: Libro del Maestro* 6:4 (junio-agosto 1992): 78-80, passim.

[viii] Westerhoff, p. 102.

[ix] Schipani, p. 14.

[x] Pablo A. Jiménez, «Creando una nueva humanidad: Reflexión sobre la tarea educativa de la iglesia basada en Efesios 4:17-32», *Apuntes* 11:4 (Invierno, 1991): 78-80.

[xi] Schipani, p. 19.

[xii] Orlando E. Costas, «Educación teológica y misión» en *Nuevas Alternativas de educación teológica*, editado por C. René Padilla (Buenos Aires: Nueva Creación, 1986), p. 12.

[xiii] En esta sección seguimos las ideas presentadas por J. Cy Rowell en el manual titulado *Foundational Aims of Christian Education for the Christian Church (Disciples of Christ)* (Forth Worth: Brite Divinity School, 1984), pp. 5-21.

[xiv] Justo L. González, *Instrumentos del llamado de Dios* (Nashville: Junta General de Educación Superior y Ministerios de la Iglesia Metodista Unida, 1993), p. 12.

[xv] En esta sección seguimos a Rowell, pp. 22-25.

[xvi] Véase nuestro artículo introductorio al tema, titulado «El modelo del líder», *La Biblia en las Américas* 48:204 (enero/febrero 1993), pp. 9-11.

2. El perfil del educador cristiano

$\mathcal{E}$n el capítulo anterior definimos la educación cristiana como el proceso mediante el cual la iglesia busca que su feligresía adquiera y desarrolle conocimientos, actitudes, valores, conductas, creencias y prácticas que reflejen su fe en Jesucristo. Indicamos, también, que el propósito de la educación cristiana es modelar y formar el carácter del creyente a la imagen de Cristo.

Estas ideas nos llevan a afirmar que *la enseñanza es un ministerio.* Aunque generalmente este concepto se usa para referirse al trabajo pastoral —también conocido como «ministerio ordenado»— la palabra *ministerio* tiene un significado mucho más amplio. Esta se deriva de los vocablos griegos *diakonía,* que quiere decir «servicio, contribución y asistencia», y *diákonos,* que significa «servidor o ayudante».[i] En el Nuevo Testamento, estas palabras también adquieren un significado teológico.[ii] Los Evangelios presentan a Jesús como el enviado de Dios que «no vino para ser servido, sino para servir y para dar su vida en rescate por todos» (Mc. 10:45). Por su parte, el libro de los Hechos de los Apóstoles utiliza la palabra *ministerio* o *diakonía* para describir las tareas de proclamación, liderazgo, enseñanza, servicio y supervisión que llevaban a cabo los apóstoles.

En 1 Corintios 12:5a se amplía el concepto afirmando que hay «diversidad de ministerios»; mientras que en Efesios 4:11 se afirma que el Cristo resucitado es quien llama y capacita a los creyentes para ejercerlos: «Y él mismo [Cristo] constituyó a unos, apóstoles;

a otros, profetas; a otros, evangelistas; a otros, pastores y maestros». Es decir, de acuerdo a este texto, la enseñanza de la fe es uno de los ministerios que Dios ha concedido a la iglesia. Todavía más, en Romanos 12:6-8 el apóstol Pablo afirma que la enseñanza es un don que el Espíritu Santo ha otorgado a la comunidad cristiana. Por lo tanto, quien acepta colaborar en el ministerio educativo de la iglesia debe sentirse llamada por Dios a ejercer dicho ministerio y para enfrentar ese desafío. Es decir, dicha persona debe tener sentido de vocación y estar dispuesta a servir a los demás, tal como Cristo —el Maestro por excelencia— enseña en los Evangelios. De este modo, una vez más, enfatizamos que *la educación cristiana es un ministerio* y que quienes dedican su tiempo y talentos a colaborar con el programa educativo de la iglesia están sirviendo a Dios al enseñar los principios básicos de la fe a los demás.

I. Características del educador cristiano

A continuación abordaremos las características que debería procurar, obtener o afinar una educadora o educador cristiano para poder cumplir fielmente con su ministerio. Estas no serán un catálogo de virtudes al que habrá de ceñirse, sino una lista de sugerencias y consejos prácticos que pueden enriquecer la clase y conducir a que la experiencia educativa sea placentera tanto para los maestros y maestras como para los estudiantes.

A. Establecer relaciones positivas con sus estudiantes[iii]

El primer paso para establecer una buena relación con sus estudiantes —y ser un maestro o maestra eficiente— es *llamar a cada uno por su nombre*. Esto demostrará que la maestra está interesada personalmente en cada estudiante, y comunicará la idea de que cada persona en el grupo es importante para quien conduce la clase.

La forma más eficaz para aprender los nombres de los estudiantes es establecer una relación de amistad con cada uno de ellos. Sin embargo, a veces los grupos de escuela bíblica dominical son tan grandes que es casi imposible para el maestro recordar los nombres de todos los estudiantes. En tales casos, es conveniente pedirle a cada persona que diga su nombre antes de hacer un comentario. De esta manera, poco a poco, el grupo se irá conociendo mejor. De hecho, en algunas iglesias los estudiantes de escuela bíblica dominical usan tarjetas con su nombre («name tags») y esto ayuda a facilitar la interacción en el salón de clases. De cualquier manera que se haga, es importante que cada maestro sea amigable con sus estudiantes.

El segundo paso para establecer una buena relación entre los miembros del grupo es *mantener una actitud de apertura hacia los sentimientos y comentarios de los demás*. Es decir, la persona que conduce la clase debe estar dispuesta a aceptar las ideas y las expresiones de sus estudiantes. Los maestros con actitudes autoritarias y los compañeros de clase intolerantes impedirán el desarrollo de la buena comunicación que debe caracterizar a la escuela bíblica dominical. Quienes asisten a nuestras clases deben sentirse en libertad de hacer preguntas y saber que sus observaciones, por sencillas que sean, serán aceptadas con cariño y respeto.

Por esta razón es importante que la persona que dirige la clase mantenga buena comunicación con sus estudiantes. Esto se puede lograr conversando dentro y fuera del salón de clases con las personas que forman parte de su grupo, y llamando por teléfono o visitando a las personas que se ausenten por largo tiempo sin razones justificadas.

Otras actividades que fomentan la buena comunicación y crean comunidad son las siguientes: compartir experiencias fuera del salón de clases en retiros, visitas o proyectos comunitarios; compartir con el resto de la congregación los logros de los estudiantes por medio de un periódico mural (que los mismos estudiantes pueden diseñar y elaborar); escribir notas informativas para el programa dominical o para el periódico de la iglesia; y orar regularmente con y por cada uno de los estudiantes.

B. *Fomentar la participación y la interacción de los estudiantes*[iv]

Si deseamos que el grupo participe activamente en la clase, es necesario que el tema a estudiar sea interesante. Cuanto mayor interés cause el tema, mayor será la interacción entre los estudiantes. El problema radica en que algunas lecciones de escuela bíblica dominical son más interesantes que otras. Sin embargo, el maestro puede usar las siguientes técnicas para promover la curiosidad y mantener el interés del grupo en el tema.

En primer lugar, *trate de relacionar el tema con las experiencias de sus estudiantes*. De esta manera el grupo comprenderá la pertinencia del tema para sus vidas. Por ejemplo, tomemos la historia del nacimiento de Jesús. De primera intención, una lección sobre este tema puede parecer aburrida, dado que la mayor parte de las personas que asisten regularmente a la iglesia se saben la historia de memoria. Sin embargo, una maestra de adultos podrá despertar el interés del grupo al pedirles que relacionen la historia bíblica con la experiencia de tener un hijo. Del mismo modo, un maestro de jóvenes puede provocar la curiosidad de sus estudiantes al recordarles que, con toda probabilidad, María era una jovencita no mayor de trece años cuando quedó embarazada.[v]

Segundo, *invite a sus estudiantes a formular y compartir sus propias preguntas o dudas*. Dado que algunos pasajes bíblicos son difíciles de entender, con toda seguridad sus estudiantes tendrán dudas que tal vez no se atrevan a expresar por timidez o temor. No permita que sus estudiantes salgan confundidos de su clase. Haga todo lo posible por contestar sus preguntas en forma clara y precisa. Ahora bien, en caso de que usted no se sienta capacitado para contestar una pregunta, anótela y dígale al estudiante que va a buscar una respuesta satisfactoria. De ser necesario, pídale ayuda al pastor o la pastora.

Tercero, *exhorte al grupo a cooperar, a compartir y a trabajar en equipo*. La mejor manera de fomentar la cooperación es que, con anticipación, planifique algunas actividades que el grupo pueda llevar a cabo en conjunto. En las próximas secciones ofreceremos consejos prácticos que le ayudarán a diseñar actividades para su grupo.

C. Ofrecer instrucciones claras, concisas y precisas[vi]

El grupo necesita que quien conduce la clase provea las instrucciones necesarias para llevar a cabo las distintas actividades educativas previstas en el plan de enseñanza. A continuación ofrecemos algunos consejos que puede seguir cuando lleve a cabo actividades educativas con su grupo.

En primer lugar, *enumere los pasos necesarios para completar la actividad.* Esto ayudará al grupo a visualizar la actividad y le dará sentido de dirección.

Segundo, *ofrezca instrucciones claras para llevar a cabo cada paso de la actividad.* Al redactar las instrucciones, debe usar verbos de acción como: «lea», «use», «escuche», «busque», «seleccione», «haga una lista» o «escriba». Debe escribir las instrucciones con claridad, ya sea en la pizarra, en hojas sueltas o en láminas que puedan ser usadas en un proyector.

Tercero, si los estudiantes no están familiarizados con la actividad, *provea suficiente tiempo para que puedan experimentar y practicar lo que se requiere para realizarla.* Del mismo modo, si desea que los estudiantes respondan en forma creativa a una lectura dirigida o a una presentación audiovisual, provea las preguntas guías y las instrucciones al comienzo de la actividad. De este modo, los estudiantes no tendrán que interrumpir la experiencia educativa para recibir instrucciones.

D. Fomentar la creatividad

Existen factores que limitan la creatividad de los estudiantes.[vii] Por ejemplo, quienes sufren de perfeccionismo* rara vez se aventuran a experimentar debido a un gran temor a cometer errores. Estas personas no aceptan ni los propios ni los errores de los demás. Además, tienen expectativas tan altas que en ocasiones pueden ser poco realistas. Otro factor limitante es la dependencia excesiva en la maestra o maestro. Cuando la clase gira en torno a ellos, se reduce la participación del grupo y se limita la expresión de los demás.

En sentido contrario, hay factores que fomentan la creatividad.[viii] El maestro fomenta la expresión del grupo cuando las actividades que planifica *buscan solucionar problemas.* Se requiere mayor creatividad para planear estas actividades que para sugerir las que sólo buscan encontrar la respuesta correcta. Es importante proveer

---

* El *Diccionario de la Real Academia Española* define el *perfeccionismo* como la «tendencia a mejorar indefinidamente un trabajo sin decidirse a considerarlo acabado».

oportunidades y el tiempo suficiente para que los estudiantes puedan tomar decisiones, experimentar y practicar en conjunto. Además, como indicamos anteriormente, todo esto debe hacerse en un ambiente de aceptación y respeto mutuo.

Si desea fomentar la creatividad de sus estudiantes, puede seguir las siguientes pautas:[ix] En primer lugar, *provea la información necesaria* para llevar a cabo las actividades educativas. Nada frustra más a un estudiante que tratar de hacer algo que no entiende. Es imposible realizar una actividad educativa si no se tiene la información básica necesaria para llevarla a cabo.

Segundo, *provea los materiales necesarios* para llevar a cabo las actividades. Asegúrese de contar con lo necesario antes de anunciar la actividad. No debemos desilusionar al grupo, anunciando actividades que no podremos llevar a cabo o que tendremos que dejar a mitad porque hicieron falta materiales.

Tercero, *ofrezca alternativas* tanto para las actividades como para las tareas. No todos los estudiantes tienen el mismo nivel de destreza ni los mismos intereses. Si usted le presenta alternativas al grupo, cada persona escogerá la mejor actividad para ellos. Por ejemplo, si la actividad consiste en hacer un mural en papel de estraza, puede ofrecerle al grupo por lo menos tres alternativas: pintar siguiendo un patrón, recortar y pegar láminas, o permitir que los pintores más hábiles definan sus propios trazos. De esta manera, todo el estudiantado, sin importar sus habilidades, podrá participar en la actividad.

Cuarto, *apoye a los estudiantes y sea accesible*. Permanezca en el salón mientras el grupo esté trabajando en la actividad. Supervise el trabajo que está haciendo cada estudiante y conteste las preguntas que puedan tener. Si ve que alguien se queda rezagado, ayúdele a completar la actividad, pero no la haga por ellos.

En quinto lugar, *provea oportunidades* para que los miembros del grupo puedan compartir sus experiencias y los resultados de su trabajo. Esto puede hacerse de varias maneras. Por un lado, puede pedirle a cada estudiante que presente el fruto de su trabajo frente a todos. Si dividió la clase en grupos pequeños para llevar a cabo la actividad, entonces pídale a cada grupo que escoja una persona que resuma las actividades del grupo, pero asegúrese de que todo el equipo participe en la presentación. Por otro lado, también puede colocar informes de lo realizado en periódicos murales o hacer una exhibición de las manualidades sobre una mesa en algún lugar al que la gente de la congregación tenga acceso.

E. Nutrir la fe de sus estudiantes[x]

Finalmente, queremos enfatizar que el propósito de la educación cristiana es modelar y formar el carácter del creyente a la imagen de Cristo. Por lo tanto, una de las características más importantes que debe cultivar el maestro efectivo es *ayudar a sus estudiantes a crecer en la fe;* que su deseo sea que las personas que participan en la escuela bíblica dominical reciban «la leche espiritual pura, para que por medio de ella crezcan y tengan salvación» (1 P. 2:2b).

Aunque todos los consejos prácticos que hemos ofrecido a lo largo de este capítulo en alguna medida pueden ayudar a alcanzar esta meta, en esta sección final deseamos recalcar tres elementos que pueden ayudar a nuestros estudiantes a crecer en la fe. En primer lugar, la maestra debe ayudar a los estudiantes a *relacionar el tema de estudio con sus propias experiencias personales, necesidades e intereses.* Queremos que nuestros estudiantes se identifiquen con los eventos, los personajes y los temas bíblicos. De esta manera establecerán una correlación entre la historia bíblica y su propia historia. Es decir, llegarán a ver su vida como un lugar donde se ha manifestado la gracia y la misericordia de Dios.

Recuerdo que hace muchos años prediqué un sermón sobre la historia de la curación de un leproso (Mc. 1:40-45), en una pequeña iglesia en el poblado de Santa Bárbara de Heredia, en Costa Rica. Después del servicio, uno de los varones de la iglesia se me acercó y me dijo: «Yo soy el leproso». Sus palabras me sorprendieron. «Cuando yo creía que ya nadie me quería, Jesús me tocó», continuó diciendo. Entonces comprendí el significado de sus palabras. Este hombre relacionó la historia de la curación del leproso con su propia historia: comprendió que al llegar a la fe estaba tan solo, tan enfermo y tan marginado como el leproso; y además comprendió que su conversión había sido un evento tan milagroso como el narrado en el Evangelio.

En segundo lugar, exhorte a los estudiantes a *compartir sus intereses, creencias, valores y esperanzas.* Nuestra sociedad está sufriendo de una gran y extensa crisis de valores. Hay quienes dicen que todo es relativo, que nada es bueno ni malo en sí mismo; y otros afirman que cada cual debe buscar su propio beneficio, relegando el bien de los demás a un segundo o tercer plano. Si la iglesia desea encarar esta crisis en forma eficaz, debe fomentar la discusión sobre estos temas. ¿Qué valores nos enseña el evangelio? ¿Cómo podemos determinar si algo es benéfico o perjudicial? ¿Cómo debemos comportarnos? ¿Qué podemos hacer para buscar el bien común?

Una de las herramientas más eficaces para facilitar la discusión de asuntos morales y éticos es el uso de casos de estudio. El estudio de casos nos permite explorar tanto los valores que motivan la conducta de los personajes involucrados en la historia, como nuestra propia reacción ante el problema planteado.

Finalmente, el maestro debe exhortar a sus estudiantes a *orar los unos por los otros*. Por medio de la oración el creyente se comunica con Dios y expresa su solidaridad con los demás. Si una maestra o maestro desea nutrir la fe de sus estudiantes, entonces lo mejor es que les enseñe y exhorte a hablar continuamente con Dios.

II. *Conclusión*

En este capítulo afirmamos que la educación cristiana es un ministerio, e indicamos que las personas que dedican su tiempo y talentos para colaborar con el programa educativo de la iglesia deben saberse llamadas por Dios para participar en este ministerio. De la misma forma describimos el perfil del educador cristiano eficaz, y ofrecimos consejos prácticos que ayudarán a enriquecer la clase y lograrán que la experiencia educativa sea placentera tanto para maestros y maestras como para los estudiantes.

Al finalizar el capítulo queda claro que las personas involucradas en el ministerio educativo de la iglesia deben servir como modelos de desarrollo cristiano tanto para sus estudiantes como para los demás miembros de la congregación. Es decir, las maestras o maestros de escuela bíblica deben distinguirse por practicar la fe que predican. Del mismo modo, deben verse a sí mismos como personas involucradas en un continuo proceso de aprendizaje y de desarrollo en la fe. En resumen, el educador cristiano debe demostrar el proceso de acción y reflexión en su propia vida, para que así sirva de modelo para el desarrollo cristiano de los demás.

En el próximo capítulo exploraremos la composición, las responsabilidades y las funciones del comité o ministerio de educación cristiana en la iglesia local.

Notas bibliográficas

[i] *Diccionario conciso greco-español del Nuevo Testamento*, editado por Elsa Tamez e Irene W. de Foulkes, s.v. diakonía y diákonos (Sttutgart, Alemania: Sociedades Bíblicas Unidas, 1978), p. 43.

[ii] En esta sección seguimos el artículo titulado «Ministerio», escrito por Pièrre Grelot en *Vocabulario de Teología Bíblica*, Segunda edición, editado por Xavier Léon-Dufour (Barcelona: Herder, 1977), pp. 540-542.

[iii] En esta sección seguimos a Donald L. Griggs, *Basic Skills for Church Teachers* (Nashville: Abingdon Press, 1985), pp. 13-15.

[iv] Griggs, *Basic Skills*, pp. 24-27.

[v] En el tiempo de Jesús, las jóvenes israelitas se comprometían para casarse entre los doce y los doce años y medio. Durante el compromiso la pareja se consideraba legalmente casada, aunque no vivían juntos. El compromiso duraba cerca de un año, al cabo del cual se celebraba la boda. Para más información, véase a Joachim Jeremías, *Jerusalén en los tiempos de Jesús: Estudio económico y social del mundo del Nuevo Testamento* (Madrid: Ediciones Cristiandad, 1977), pp. 371-387.

[vi] Griggs, *Basic Skills*, pp. 24-25.

[vii] Griggs, *Basic Skills*, p. 68.

[viii] Griggs, *Basic Skills*, p. 69.

[ix] Griggs, *Basic Skills*, pp. 71-72.

[x] Griggs, *Basic Skills*, pp. 102-105.

3. La educación cristiana en la iglesia local

$\mathcal{L}$a educación cristiana es una tarea de toda la iglesia. De hecho, todas las actividades de la iglesia tienen aspectos educativos. La congregación aprende por medio de la adoración, la predicación, los estudios bíblicos, la evangelización, la mayordomía y el compañerismo cristiano.

Sin embargo, hay una serie de tareas educativas que deben ser debidamente planeadas y programadas si se desea ponerlas en práctica de forma eficaz. Por lo regular, estas actividades son delegadas al comité o «ministerio» de educación cristiana. En este capítulo exploraremos la composición, las responsabilidades y las funciones de dicho comité.

I. El comité de educación cristiana

En esta sección hablaremos de la composición del comité de educación cristiana. Aunque el tamaño y funcionamiento del comité dependen en gran medida del tamaño, los recursos y la estructura de gobierno de la iglesia local, existen ciertos elementos básicos que deben caracterizar el trabajo de todo comité.

El comité debe tener una persona que lo presida. Por lo regular, esta persona es miembro de la junta de gobierno de la iglesia, cuerpo que, dependiendo de la denominación, también puede llamarse junta de oficiales, de gobierno, de síndicos, de diáconos o consistorio, entre otros. Esta persona debe coordinar el trabajo del comité y, junto con los demás miembros, facilitar la comunicación con las otras instancias u organizaciones de la iglesia.

El comité debe ser representativo de toda la iglesia. Así que debe estar compuesto por personas de distintas edades, de trasfondos diversos y con múltiples experiencias que reflejen a los grupos involucrados en la tarea educativa de la iglesia. Si bien es deseable tener como miembros a personas con adiestramiento teológico o a maestros de profesión, *el comité no debe estar compuesto exclusivamente* por estas personas. Por el contrario, debe incluir jóvenes, adultos solteros, personas casadas, ancianos, obreros, profesionales y amas de casa para que en verdad sea representativo y para que los esfuerzos del comité se enriquezcan.

De más está decir que el liderazgo pastoral es determinante en la tarea educativa de la iglesia. El éxito de los programas educativos de la iglesia en gran medida depende de la participación activa del pastor o la pastora de la iglesia.

Algunas iglesias tienen suficientes recursos económicos para nombrar coordinadores de educación cristiana que son profesionales o pastores asociados con responsabilidades específicas en este campo. Por lo regular, estos recursos son maestros de profesión —en ocasiones jubilados—; personas graduadas de algún instituto, colegio bíblico o seminario; o pastores o ministros asociados contratados para desempeñar tareas específicas como coordinar el ministerio educativo de la iglesia, trabajar con los jóvenes o con las familias de la iglesia.

El comité de educación cristiana puede trabajar de dos maneras distintas. Por un lado, puede hacer reuniones plenarias en las cuales todos los miembros del comité evalúen las propuestas y trabajen en la implementación de los programas educativos de la iglesia. Por otro lado, el comité puede dividirse en sub-comités, a razón de uno por cada programa. Por ejemplo, pueden nombrarse sub-comités para coordinar la escuela bíblica dominical, para celebrar la escuela bíblica de verano y para supervisar el trabajo con la niñez y la juventud, entre otros.

El estilo de trabajo del comité depende en gran medida del tamaño de la iglesia. Por ejemplo, en una iglesia pequeña el comité de educación cristiana tendrá probablemente tres o cuatro miembros. Del mismo modo, por tener recursos financieros y humanos limitados, el programa anual de educación cristiana estará limitado a la escuela bíblica dominical, la sociedad de jóvenes y, quizás, la escuela bíblica de vacaciones. En una iglesia mediana, el comité tendrá probablemente de siete a diez miembros, muchos de ellos maestros de profesión. Esto permite la organización de por lo menos dos sub-comités de trabajo. Por lo regular, el programa educativo de estas iglesias incluye (además de los programas ya mencionados) ministerios con la niñez y la administración de la biblioteca de la iglesia. En una iglesia grande, el comité de educación cristiana puede tener quince o más miembros. Con toda seguridad, el comité tendrá varios sub-comités a su cargo y aun podrá nombrar comisiones adicionales para llevar a cabo tareas específicas o programas especiales. El programa educativo de estas iglesias puede incluir una amplia gama de actividades como campamentos, retiros y cursos pre-matrimoniales. Además, estas iglesias pueden tener institutos bíblicos o escuelas privadas funcionando en sus facilidades.

II. *La superintendencia de la escuela bíblica dominical*

Otra persona clave en el desarrollo de la educación cristiana es quien ocupa la superintendencia de la escuela bíblica dominical. Ésta debe procurar el buen funcionamiento de las distintas clases que componen la escuela bíblica. Entre las tareas de un superintendente de escuela bíblica dominical podemos enumerar las siguientes:

1. Procurar que tanto los maestros como los estudiantes de las distintas clases tengan los materiales curriculares correspondientes.
2. Procurar que las maestras tengan los materiales educativos que necesiten.
3. Asignar a cada grupo el salón o área más apropiada para dar la clase.
4. Coordinar el calendario de trabajo voluntario de los distintos maestros.
5. Asignar maestros suplentes para cubrir los grupos cuyos maestros regulares estén ausentes.
6. Proveer a cada grupo un registro de asistencia. Cada grupo debe pasar lista semanalmente.

El comité de educación cristiana debe establecer algún proceso para dar seguimiento a las visitas. Por ejemplo, el maestro debe llamar por teléfono a las personas que falten dos o más veces consecutivas. Después de tres ausencias, se notificará a la pastora para que ésta pueda visitarles o comunicarse con ellas.

El superintendente de escuela bíblica debe ser miembro del comité de educación cristiana. Debe consultar sus decisiones con el pastor y con la persona quien presida el comité. El resto de los miembros deben ser informados de cada decisión que se tome.

III. Las responsabilidades del comité de educación cristiana

La tarea principal del comité de educación cristiana es establecer los propósitos generales del programa educativo de la congregación. Las ideas presentadas allí bien pueden guiar a su comité en la tarea de determinar los propósitos generales del programa educativo de su iglesia.

A continuación enumeraremos las diez responsabilidades que normalmente debe llevar a cabo el comité de educación cristiana en una iglesia local.

A. Determinar las necesidades educativas

Examen

Existen dos tipos de necesidades educativas: las internas y las externas.[i] Las *necesidades internas* son las que tiene la congregación. Al hablar de «la congregación» nos referimos tanto a los miembros como a los diversos grupos de la iglesia local. ¿Conocen bien las Escrituras? ¿Conocen la historia y la teología de la denominación? ¿Hay personas bien preparadas para enseñar? ¿Acaso es necesario desarrollar más líderes laicos? ¿Qué problemas enfrentan nuestros jóvenes en sus hogares y en sus escuelas? ¿Es necesario desarrollar un programa para el mejoramiento de la vida familiar? Hacer encuestas con éstas y otras preguntas similares pueden ayudarnos a determinar las necesidades educativas de la congregación.

Las *necesidades externas* son las necesidades de la comunidad. Al hablar de «la comunidad» nos referimos tanto al vecindario donde se ubica el templo como a la ciudad y el país donde se encuentra.

La iglesia busca servir a los demás, al encarnar el evangelio de Jesucristo y demostrar el infinito amor de Dios por la humanidad. Esto debe llevarnos a considerar las respuestas a las preguntas siguientes: ¿Cuáles son las necesidades de la niñez en nuestra comunidad? ¿Cómo podemos alcanzar a la juventud que no asiste a la iglesia? ¿Cómo ministrar eficazmente a las familias del barrio? ¿Cuáles son los problemas que afectan a nuestra comunidad, nuestra ciudad y nuestro país? ¿Qué debe hacer la iglesia ante tales problemas?

B. Escoger los programas educativos que han de ser implementados durante el año

Una vez determinadas las necesidades educativas, el comité de educación cristiana debe escoger los programas educativos que la iglesia va a desarrollar durante el año. Al hablar de «programas educativos» nos referimos a las diversas actividades que la iglesia ha de llevar a cabo para satisfacer las necesidades educativas de la congregación y de la comunidad. En este punto queremos resaltar tres tipos de programas educativos que la iglesia puede desarrollar: continuos, temporales y ocasionales.

Los programas *continuos* son aquellos que se llevan a cabo durante todo el año. La escuela bíblica dominical es el programa continuo más amplio y complejo que lleva a cabo la iglesia. Otros programas continuos son los estudios bíblicos semanales, los ministerios con la niñez, la administración de la biblioteca de la iglesia, las clases nocturnas o sabatinas al nivel de instituto bíblico para adultos, las guarderías infantiles y las escuelas privadas.

Los programas *temporales* son aquellos que se desarrollan por un espacio de tiempo dado. El espacio de tiempo puede ser de dos semanas en adelante, al cabo de las cuales el programa educativo termina. La escuela bíblica de vacaciones, los talleres educativos, los cursillos de adiestramiento, los cursos especiales para adultos, las clases pre-matrimoniales y la instrucción de candidatos al bautismo (o confirmación), todos son ejemplos de programas educativos temporales. Es recomendable otorgar certificados de asistencia a las personas que participen en estos programas temporales. El certificado es un incentivo para los participantes y, por lo regular, les anima a asistir a todas las sesiones del curso. También es aconsejable entregar estos certificados en servicios especiales de «graduación», sobre todo en programas que involucren a la niñez, como la escuela bíblica de vacaciones.

Los programas *ocasionales* son actividades que se llevan a cabo sólo una vez al año. Por ejemplo, las conferencias, los campamentos y los retiros son programas ocasionales. Algunos programas ocasionales son sencillos y fáciles de planificar. Invitar a una persona capacitada a dar una conferencia sobre un tema específico es un buen ejemplo de un programa ocasional sencillo. Otros programas ocasionales —como los campamentos y los retiros— pueden ser sumamente complicados. Es aconsejable nombrar un subcomité especial para planificar este tipo de programas.

A manera de ejercicio, el comité de educación cristiana puede tomar unos minutos para hacer una lista de las actividades educativas que tradicionalmente la iglesia lleva a cabo durante el año. No olvide incluir en esta lista las oportunidades educativas que le ofrece su denominación. Continúen el ejercicio con una sesión de «lluvia de ideas», pidiendo al grupo que sugiera nuevas actividades educativas que la iglesia pueda llevar a cabo en el futuro. Comparen las actividades sugeridas con la lista de necesidades educativas. Terminen el ejercicio haciendo una lista de los programas educativos que deseen llevar a cabo durante los próximos años de acuerdo a las prioridades de la iglesia.

El comité puede usar esta lista para escoger las actividades que la iglesia desarrollará en el futuro inmediato. Las siguientes preguntas pueden ayudar en el proceso para seleccionar dichas actividades: ¿Qué recursos económicos, humanos y físicos demanda cada actividad? ¿Tenemos el dinero, el personal y el espacio para llevarlas a cabo? ¿Serán bien recibidas por la congregación y por la comunidad? ¿Hay suficiente tiempo para planearlas e implementarlas con éxito? ¿Entran en conflicto con otras actividades de la iglesia? ¿Pueden coordinarse en conjunto con otro comité de la iglesia?

C. Planear los programas

Después de escoger los programas a desarrollarse, el comité debe planearlos cuidadosamente. Este proceso debe incluir los siguientes pasos (véase la tabla 3.1, en la pág. 62).

1) Descripción del programa

Lo primero que el comité debe hacer es describir cuidadosamente el programa educativo que desea llevar a cabo. La descripción debe ser enunciada en una oración completa. Por ejemplo, si se describe la actividad como un «cursillo para maestros de escuela bíblica», la descripción está incompleta. No explica ni cómo, ni cuándo, ni dónde, ni por qué se va a celebrar el taller. Compare la descripción anterior con la siguiente: «A partir del primer miércoles de marzo, un grupo de aproximadamente 10 líderes de nuestra iglesia se reunirán en el templo de 7:30 a 9:00 p.m. durante tres semanas para participar en un cursillo de técnicas educativas para maestros de escuela dominical». Esta descripción deja claro el lugar, la hora de reunión, la extensión y el tema de estudio del cursillo.

2) Recursos

La descripción de cada actividad determina los recursos que se necesitarán para llevarla a cabo. Hay tres tipos de recursos que debemos tener en cuenta a la hora de planear una actividad: físicos, financieros y humanos.

Los *recursos físicos* se refieren al espacio y los materiales necesarios para llevar a cabo las actividades. Todas las congregaciones, sin importar su tamaño, tienen varios recursos físicos a su disposición: el templo, salones para educación cristiana, pizarrones, sillas, mesas, equipo de oficina y equipo audiovisual. Por lo regular, las iglesias grandes tendrán más instalaciones para la educación cristiana y mejores equipos que las pequeñas. Pero estas últimas no deben sentirse limitadas por ello.

Cada actividad determina los recursos físicos necesarios para llevarla a cabo con éxito. Por ejemplo, para una conferencia es necesario tener un salón de reuniones, un atril para el conferenciante, una pizarra y sillas para el grupo. Un taller requiere mesas de trabajo, diversos materiales educativos y quizás algún equipo audiovisual. Para celebrar un retiro de todo un día es conveniente tener una cocina bien equipada para preparar meriendas o comidas. Y así con las otras actividades. Ninguna iglesia local, por grande que sea, tiene todos los recursos físicos necesarios que requieren todas sus actividades educativas. Si se va a realizar una actividad que requiera un local más grande o equipos audiovisuales que usted no posee, siempre existe la posibilidad de pedirlos prestados o alquilarlos.

Los *recursos financieros* se refieren al dinero que será necesario para llevar a cabo una determinada actividad en forma exitosa. El comité debe hacer un presupuesto para cada actividad. Todo presupuesto debe tener dos partes principales: ingresos y egresos. Los ingresos son la cantidad de dinero que el comité proyecta recibir y los egresos, las que espera gastar. Por lo regular, la iglesia tiene una partida asignada para educación cristiana en su presupuesto general. Los fondos de esta partida deben contabilizarse como ingresos. Si la partida ya presupuestada no es suficiente para cubrir los gastos de una actividad, el comité puede obtener fondos adicionales de diversas maneras: recogiendo ofrendas especiales entre los asistentes, cobrando matrícula a los participantes en la actividad o vendiendo los materiales curriculares y educativos que los asistentes necesiten. En lo posible, debe tratar que los egresos no excedan los ingresos. Trate de hacer sus estimados de manera que la iglesia no pierda dinero en la actividad.

Los *recursos humanos* son las personas necesarias para llevar a cabo la actividad. Una actividad, por sencilla que sea, dependerá del trabajo de varias personas para llegar a feliz término. Tomemos el ejemplo de una conferencia para maestros de escuela bíblica. Además de la persona que dictará la conferencia, el comité debe asignar una o más personas que coordinen la actividad y procuren que se lleve a cabo de acuerdo a lo planeado. El resto del personal que necesitará va a depender de las características de la actividad que va a desarrollar. Por ejemplo, si van a participar visitantes, es necesario tener ujieres que les reciban; si se va a cobrar matrícula, es necesario tener un secretario o una secretaria que la cobre; si va a ofrecer meriendas o almuerzo, necesitará personas que cocinen y sirvan los alimentos, y así con todo lo demás.

3) Calendario

El comité debe determinar cuándo se va a llevar a cabo cada actividad. Las actividades especiales deben celebrarse en días que no interfieran con otras actividades de la iglesia local o de la denominación. Debe tener especial cuidado al programar retiros y campamentos. La mayor parte de los campamentos cristianos requieren que reserve las facilidades con un año de anticipación y que pague un depósito para garantizar que la actividad se llevará a cabo. Otro detalle que debe tener presente es que las denominaciones utilizan los días feriados largos para celebrar reuniones de sus organizaciones nacionales. Por lo tanto, no trate de organizar actividades muy ambiciosas, donde se quiere cubrir demasiado material en una mañana o en una tarde. Recuerde que si abusa del tiempo y de la paciencia de la gente en una actividad, probablemente nadie asistirá a la próxima.

4) Promoción

Una de las áreas más descuidadas es la promoción de las actividades. La falta de promoción prácticamente garantiza el fracaso de una actividad. El comité debe procurar que sus actividades sean incluidas en el programa de la iglesia, anunciadas desde el púlpito, colocadas en el periódico mural y sean impresas en el boletín o periódico de la iglesia local. Si la actividad es muy importante y desea la mayor asistencia posible, debe enviar invitaciones por correo, invitar personalmente a los posibles participantes y llamarles por teléfono el día antes para recordarles de la actividad. Si así lo desea, puede invitar a otras iglesias, informar a la persona encargada de la educación cristiana en su denominación, anunciar la actividad en el periódico denominacional y colocar anuncios de servicio público en emisoras de radio y de televisión o el periódico local. Recuerde ofrecer toda la información que la gente necesita para poder participar en la actividad.

5) Coordinación

Los planes no se llevan a cabo por sí solos. Hay quien dedica mucho tiempo a la planificación, pero no usa los planes trazados a la hora de implantar el programa. Como indicamos anteriormente, debe nombrar una o más personas que trabajen en la coordinación del evento. De este modo, asegurará el éxito de la actividad.

6) Evaluación

Una actividad puede ser evaluada de diversas maneras. La más común es sencillamente preguntarles a los participantes qué les pareció dicha actividad. Sin embargo, el tiempo es limitado para hacer esto con todos los asistentes. Por tal razón, es sabio diseñar un instrumento de evaluación, como una hoja con preguntas que los participantes deben contestar. La hoja deberá ser debidamente tabulada y los hallazgos deberán ser circulados entre los miembros del comité, el pastor o pastora y la junta de gobierno. Otra forma de evaluar una actividad es nombrar a personas experimentadas que funcionen como observadoras. Estas personas escribirán un informe que también deberá ser circulado debidamente.

La evaluación de las actividades nos permite determinar si el programa ha alcanzado las metas establecidas; si debe continuarse, modificarse o descontinuarse; si necesita ajustes en el contenido o en el calendario; si los coordinadores deben continuar a cargo de la actividad o si es necesario cambiarlos; y si las personas que han sido invitadas a participar como recursos han sido eficientes.

D. Implementar los programas

Los planes no deben quedarse en el papel. Tan pronto esté listo el plan de acción proceda a buscar los recursos físicos, financieros y humanos que demandará la actividad. Del mismo modo, la implementación exige que el comité supervise debidamente el funcionamiento de los diversos programas educativos de la iglesia local y que evalúe los programas.

E. Determinar el currículo para la iglesia local

Al hablar de *currículo*[ii] nos referimos al programa educativo que informa el plan de enseñanza que empleamos en la iglesia local. En este sentido, el currículo que utilizamos en la escuela bíblica dominical abarca tanto las metas, los objetivos y los resultados de nuestra tarea educativa como los libros, panfletos, revistas de escuela bíblica, leccionarios y demás materiales que utilizamos para dar la clase.

A la hora de escoger un libro o cuaderno para la escuela bíblica dominical, es necesario tener en cuenta el dato que señalamos anteriormente: La educación neutral no existe. Cada libro o cuaderno presenta los valores y la ideología de sus autores y de las casas publicadoras que los editan. A continuación exploraremos brevemente las distintas opciones que tiene una iglesia local a la hora de comprar materiales curriculares.[iii]

1) Materiales denominacionales

La primera opción es usar materiales de la denominación a la cual está afiliada la iglesia local. Esta opción ofrece grandes ventajas. Los materiales curriculares denominacionales responden a la teología y la teoría educacional de la iglesia. Por lo tanto, concuerdan con las doctrinas, las creencias y los valores de la iglesia local. Además, si se tienen observaciones importantes, sugerencias para mejorar el material o quejas, la iglesia local puede contactar a la persona encargada de producir el material para educación cristiana al nivel denominacional y hacerle saber sus preocupaciones.

2) Materiales de una sola casa publicadora

La segunda opción es ordenar material curricular de una sola casa publicadora para todas las clases de la iglesia. Por ser de la misma editorial, el material tiene consistencia teológica y educacional. El mayor problema que confrontará el comité es que la mayor parte de los materiales disponibles en español son publicados por denominaciones. ¿Cómo encontrar material de otra denominación que sea compatible con la teología y los valores de la iglesia local? No basta con leer el material. Reclute la ayuda de su pastor o pastora para evaluarlo. Pueden haber diferencias teológicas sutiles que quizás usted no note, pero que una persona con adiestramiento teológico sí podrá detectar.

3) Materiales de diversas casas publicadoras

La mayor parte de las iglesias locales compran materiales de varias casas publicadoras. Algunas lo hacen por necesidad, ya que su denominación sólo publica materiales para adultos y jóvenes. Esto las obliga a comprar materiales de otras denominaciones para la niñez. Otras lo hacen porque entienden que el material para la niñez de una casa publicadora es superior al de otra. La desventaja principal es que tendrá materiales que reflejarán teologías y teorías educacionales distintas. Otra desventaja es que toma mucho tiempo evaluar todo el material disponible antes de decidir qué comprar.

4) *Libre selección*

Otra alternativa es permitir que los maestros escojan sus propios materiales curriculares. Esta opción ofrece la ventaja de atraer maestros que desean tomar parte activa en el diseño de la clase, al escoger materiales que les permitan presentar sus ideas y creencias. Sin embargo, de todas, esta es la opción que más riesgo presenta. La iglesia enfrenta el peligro de estar usando diversos materiales curriculares, cada uno con su propia teología y valores y causar confusión entre los creyentes. Otro peligro es que el maestro escoja sus materiales por razones equivocadas, es decir, porque sea el único que conoce o porque es el que usaba en su niñez, y de esta manera sin procurar el mejoramiento de sus alumnos. Finalmente, debemos señalar que el peligro principal es que puede desafiar la autoridad tanto del comité de educación cristiana como del pastor de la iglesia.

5) *Producir sus propios materiales*

La última opción es la más difícil y costosa de todas. Son pocas las iglesias que tienen los recursos humanos debidamente preparados para escribir los materiales y los recursos financieros para publicar el material. Sin embargo, no debemos descartarlo. Si la congregación tiene los recursos para producir su propio material, es conveniente hacerlo esporádicamente para combatir el «currículo nulo».[iv] ¿Qué es el currículo nulo? Se refiere a aquellos temas que los materiales curriculares no discuten y, por lo tanto, son omitidos. Algunos temas controversiales —como la educación sexual, la violencia doméstica, el abuso infantil y las diversas interpretaciones del libro de Apocalipsis, entre otros— son generalmente omitidos.

Si desea tratar alguno de estos temas en la escuela bíblica dominical, siga las siguientes recomendaciones. En primer lugar, consulte a su pastora y a la persona encargada de la educación cristiana en su denominación. Quizás existan materiales curriculares o manuales de estudio sobre el tema que desea discutir. El comité puede examinarlos y, de ser adecuados, comprarlos para el curso. Segundo, si no encuentra los materiales que desea, considere la posibilidad de preparar una guía de estudio para un determinado libro sobre el tema. Esto es menos costoso que escribir todo el material. Tercero, si es necesario escribir todo el material, seleccione a una persona que esté debidamente capacitada para hacerlo, indíquele lo que desea y pídale que ponga sus ideas por escrito. Si el comité aprueba el bosquejo general del proyecto, hasta entonces la persona puede comenzar a escribir el material curricular. Cuarto, invite a otras iglesias locales a participar en el proyecto. La participación de varias congregaciones abaratará los costos. Finalmente, recuerde que escribir toma tiempo. La persona que escriba el material debe disponer de cuatro a seis meses para escribir las lecciones. El material debe estar listo para publicación por lo menos dos meses antes de la fecha en que será estudiado. Los maestros y las maestras deberán tenerlo en sus manos con un mes de antelación. Esto les dará tiempo suficiente para estudiarlo con detenimiento. Finalmente, debe ser distribuido a la congregación con dos semanas de anticipación.

Sin embargo, siempre debemos ser críticos con los materiales curriculares. No importa la calidad de la revista de escuela bíblica dominical que utilicemos en la iglesia local, es necesario evaluarla constantemente porque siempre podemos encontrar diferencias entre algunas doctrinas expuestas por la revista y nuestras creencias. Además, las maestras o maestros de escuela bíblica no son los únicos que deben mantener una actitud crítica con respecto a los materiales. Como iglesia, debemos estar dispuestos a modificar el orden de la revista de escuela bíblica dominical para tratar temas que sean pertinentes para nuestra congregación. Podemos eliminar algunas lecciones de la revista para añadir otras sobre distintos temas, obviar el uso de la revista por un mes para tocar otros temas importantes para la iglesia local o eliminar un trimestre de clases al año para dar servicios especiales de predicación una vez al mes o para llevar a cabo actividades que enfaticen temas como la vida familiar u otros semejantes. Estas decisiones deben ser tomadas por el comité junto con los maestros, superintendente de la escuela bíblica, el pastor o la pastora y la junta de gobierno.

F. La preparación del personal docente[v]

Si vamos a tomar en serio el desafío de la educación cristiana, necesitamos hombres y mujeres preparados para servir en el ministerio de la enseñanza. Esta preparación se logra, en primer lugar, por medio de una vida dedicada al servicio a Dios y a los demás. Sin embargo, también es necesario proveer experiencias educativas que enriquezcan la vida cristiana de quienes tienen la importante responsabilidad de enseñar la Palabra de Dios. Por esta razón es necesario planear y conducir periódicamente talleres para personas que han sido, que son o que desean ser maestros de escuela bíblica dominical al nivel de la iglesia local. Este es un requisito para poder desarrollar un programa exitoso de educación cristiana en la congregación, ya que los talleres agilizan, motivan y movilizan al personal docente. Una vez más, debemos ser flexibles y, de ser necesario, alterar un poco el programa semanal para poder ofrecer talleres y actividades de educación continuada.

Algunos puntos que debemos tener en cuenta a la hora de diseñar talleres para maestros de escuela bíblica son los siguientes: [vi]

Recursos humanos: Utilice personas que se identifiquen con el grupo. Los recursos que son percibidos por el grupo como «expertos» distantes resultan poco eficientes para este tipo de actividad.

Dinámica: Limite las conferencias al mínimo. Trate de diseñar actividades educativas en las cuales los maestros puedan involucrarse. Estas actividades deben diseñarse de manera que todos los participantes del taller puedan aprenderlas, adaptarlas y usarlas en sus clases. Además, las actividades deben proveer el espacio necesario para que los participantes interactúen, dialoguen y se conozcan mejor. En resumen, trate de que el evento sea una experiencia educativa en sí mismo.

Materiales: En lo posible, prepare materiales audiovisuales que enriquezcan la actividad. Las conferencias deben estar bosquejadas o escritas de manera tal que los participantes no tengan que pasar todo el tiempo escribiendo, y puedan llevarse el material escrito para repasarlo en sus casas. Además, puede preparar «centros de enseñanza»; es decir, mesas con distintos libros, materiales y otros recursos que las personas puedan ver. Se debe utilizar un salón amplio donde el grupo pueda sentarse con comodidad y donde haya espacio para cambiar el arreglo de las sillas y para dividir a los participantes en grupos pequeños.

Participación: Anime al grupo a participar activamente en la actividad. Conteste las dudas y las preguntas en forma tal que el grupo se sienta afirmado en su tarea docente. Permita que los maestros se expresen en forma libre, espontánea y creativa.

Estas actividades educativas pueden tomar varias formas. Algunas de ellas son:[vii]

- Llevar a cabo sesiones de adiestramiento como parte de las reuniones regulares del comité de educación cristiana.
- Reunirse al comienzo de cada trimestre para discutir el contenido de la unidad que va a comenzar y las técnicas educativas recomendadas para presentar las nuevas lecciones. La participación del pastor o la pastora es fundamental en una actividad como ésta.
- Proveer libros, artículos y materiales que los maestros puedan estudiar en sus casas en forma independiente.
- Ocasionalmente ofrecer conferencias por las noches o algún sábado en la mañana. La desventaja de este tipo de conferencias es que usualmente tienen poca continuidad entre sí.
- Dar talleres de varios días sobre diversos aspectos de la educación cristiana. Estos talleres pueden ofrecerse durante una misma semana o un día a la semana o durante un mes.

En este renglón también debemos mencionar la labor de los diversos institutos y colegios bíblicos que sirven a nuestra comunidad. Estas instituciones de educación teológica pueden ser de gran provecho para la iglesia local. Esta labor consiste en capacitar a líderes laicos para la iglesia local, en especial para servir en el ministerio de la educación cristiana. Por ejemplo, el comité puede invitar a profesores de institutos o colegios bíblicos cercanos a participar como recursos en estas actividades de educación continua para maestros de la escuela bíblica. Del mismo modo, puede exhortar a sus maestros a estudiar en alguna de estas instituciones educativas.

G. La organización de la escuela bíblica dominical[viii]

La educación cristiana eficaz requiere una escuela bíblica dominical bien organizada. Por lo regular, nuestras iglesias organizan las clases con base en criterios sociales. Tenemos clases para jóvenes y adultos, personas solteras y matrimonios. Sin embargo, podemos tomar en consideración otros criterios para organizar la escuela bíblica dominical. Por ejemplo, podemos usar como criterio el tiempo que una persona lleva en la fe. Así podríamos organizar clases para visitantes, para nuevos creyentes y para personas recién bautizadas que llevan menos de dos años en la congregación.

H. La evaluación de la escuela bíblica dominical

El comité —junto con el pastor/la pastora y la mesa directiva— es el organismo responsable de evaluar al personal docente y los materiales educativos que se emplean en la escuela bíblica. Para llevar a cabo buenas evaluaciones, el comité debe diseñar procesos claros que le permitan no sólo corregir errores presentes sino, también, evitar problemas futuros.

Tomemos, por ejemplo, la evaluación de las personas interesadas en ser maestros de escuela bíblica. El comité puede diseñar un sistema por medio del cual se permita que las personas que muestran potencial para dar clases de escuela bíblica puedan enseñar algunas lecciones bajo la supervisión de maestros con experiencia antes de recibir el nombramiento oficialmente. Esto permitirá que el comité obtenga los criterios necesarios para determinar si la persona tiene las habilidades necesarias para dar clases y para asignarle la clase más apropiada de acuerdo a sus destrezas.

I. Establecer el calendario anual de educación cristiana

El comité es responsable de establecer el calendario de educación cristiana para el año correspondiente. Las actividades especiales deben planearse con tiempo y anunciarse con antelación. Del mismo modo, el comité debe procurar que las actividades educativas no interfieran con el programa general de la iglesia.

J. Hacer una propuesta para el presupuesto del área de educación cristiana para el próximo año

Una de las tareas más difíciles del comité es hacer el estimado de gastos para el próximo año en el área de la educación cristiana. Este estimado es muy importante para la junta de gobierno de la iglesia, pues sirve de base para revisar el presupuesto de la congregación. Algunas preguntas que pueden guiar esta tarea son: ¿Qué cantidad fue presupuestada el año anterior? ¿Fue suficiente para cubrir los gastos? ¿Cuánto gastamos este año? ¿Deseamos añadir o eliminar algún programa para el próximo año? ¿Esperamos que algunos costos aumenten el año próximo? ¿Cuáles? ¿Cómo podemos ahorrar dinero para el próximo año?

IV. Relaciones con otras instancias de la iglesia

Como regla general, el comité de educación cristiana coordina actividades educativas en conjunto con otros comités o ministerios de la iglesia. El trabajo en conjunto alivia la tarea de cada comité y mejora la calidad de los programas educativos de la iglesia. A continuación ofrecemos algunos consejos prácticos que pueden orientar las relaciones entre el comité de educación cristiana y las demás instancias de la iglesia local:

A. Comité de evangelización

Junto con el de evangelización, el comité de educación cristiana debe coordinar actividades como los talleres de evangelización, las clases para visitantes, los cursos para nuevos creyentes y la educación de los candidatos al bautismo (o confirmación).

B. Comité de mayordomía y finanzas

Este comité, junto con el de educación cristiana, debe coordinar las campañas de educación en mayordomía y el fomento del hábito del diezmo en los nuevos creyentes. También deben coordinar las ofrendas especiales dedicadas a la educación cristiana, la venta de las revistas de escuela bíblica y el cobro de matrícula de las actividades especiales. Otras actividades que pueden celebrar en conjunto son talleres sobre el manejo de finanzas personales y desarrollo del presupuesto familiar para adultos solteros y parejas jóvenes. Finalmente, el comité de mayordomía y finanzas debe ayudar al comité de educación cristiana a redactar la propuesta de presupuesto para el próximo año.

C. Comité de propiedad

El comité de propiedad es responsable de velar que los salones de clases estén en buenas condiciones y bien equipados. Por su parte, los maestros deben enseñarles a los niños a comportarse en el templo y a cuidar los alrededores de la iglesia. Una iglesia que descuida la educación cristiana tendrá salones sucios, con sillas rotas y juguetes viejos. En un ambiente como éste, los visitantes no se sentirán bienvenidos. Por el contrario, las iglesias que ofrecen educación cristiana de calidad mantienen los salones limpios, con equipos adecuados para las personas que los ocupan. Esto ayudará a los visitantes a sentirse a gusto y con deseos de regresar.

La iglesia debe tener equipos adecuados, en especial en los salones para niños. Las sillas deben ser de tamaño propio para cada grupo: pequeñas (el asiento debe estar entre 10 a 12 pulgadas de alto) para grupos entre 3 a 5 años de edad; medianas (el asiento debe estar entre 14 a 16 pulgadas de alto) para grupos entre los 6 a 11 años de edad; grandes (el asiento debe estar a 16 pulgadas de alto) para grupos de 12 años en adelante. Del mismo modo, la altura de las mesas de trabajo debe corresponder al tamaño de las sillas. Es decir, las mesas deben ser 10 pulgadas más altas que las sillas.

Es muy importante que los salones de cuna y las guarderías infantiles estén limpios y que los equipos sean adecuados. Muchas iglesias olvidan este detalle y terminan usando salones polvorientos, con ropa de cama que se lava sólo ocasionalmente y con juguetes peligrosos. Esto se agrava cuando la gente dona a la iglesia cunas, corrales y juguetes usados. Las cunas rotas, al igual que las que tienen barras muy separadas, son peligrosas y deben ser reparadas antes de usarse, o descartadas si no es posible arreglarlas. Los corrales con mallas rotas o con partes de metal expuestas tampoco deben ser usados en el salón de cuna. Del mismo modo, los juguetes rotos son peligrosos y los niños asmáticos no deben jugar con muñecos de peluche que acumulan polvo. Los juguetes deben ser adecuados para las edades de los niños, seguros y duraderos. Es preferible que puedan ser usados por más de un niño, que estimulen la imaginación y desarrollen la coordinación de movimientos. Los juguetes deben lavarse después de ser usados, para evitar el contagio de enfermedades.

Equipar adecuadamente los salones para la niñez puede costar mucho dinero. Sin embargo, no se necesita mucho dinero para mantener limpio un salón. Con un poco de esfuerzo, una iglesia pequeña con un presupuesto modesto puede mantener sus facilidades en buenas condiciones. Lo que hace falta es dedicación, interés y amor hacia la niñez, hacia las demás personas que asisten regularmente a la iglesia y, sobre todas las cosas, a Dios.

D. Comité de adoración y programa

Quizá éste sea el comité que debe trabajar más cerca con el de educación cristiana. En conjunto, deben coordinar talleres de adoración, las actividades de la «iglesia infantil» y las actividades para la juventud. Del mismo modo, deben trabajar coordinadamente a la hora de planear retiros y campamentos para la congregación. La tarea más importante que deben realizar es coordinar el calendario educativo de manera que no interfiera con las demás actividades de la iglesia.

Finalmente, el comité de educación cristiana debe tener presente que hay otras instancias, fuera de la iglesia local, que pueden ayudarle en sus tareas. En primer lugar, el comité debe mantener relaciones estrechas con la oficina de educación cristiana de su denominación. Por lo regular, las denominaciones ofrecen varias oportunidades que, por descuido, las iglesias locales no aprovechan. Segundo, el comité debe saber si su denominación respalda algún instituto bíblico denominacional. Si ese instituto existe, circule la información entre sus maestros y exhórteles a prepararse teológicamente para realizar mejor su ministerio y a que se mantengan en contacto con dicha institución. Tercero, hay instituciones interdenominacionales dedicadas a fomentar la educación cristiana. Estas instituciones suelen tener recursos educativos que usted podrá pedir prestados, comprar o alquilar. La iglesia puede suscribirse a alguna de estas organizaciones y gozar de los beneficios que le pueda ofrecer. Finalmente, use las bibliotecas teológicas que haya en su comunidad. Los institutos, los colegios bíblicos y los seminarios tienen diversos materiales que pueden ser benéficos para su programa educativo. En ocasiones, tienen materiales educativos que podrán pedir prestados o alquilar por un precio módico.

V. Conclusión

En este capítulo examinamos la composición, las responsabilidades y las funciones del comité de educación cristiana en la iglesia local. También exploramos la relación que debe mantener este comité con las demás instancias de la iglesia, tanto al nivel local como denominacional. En el próximo capítulo trataremos el tema del diseño de la clase de escuela bíblica dominical.

Notas bibliográficas

i. John T. Hinant, *Ministry of Christian Education: A Manual for the Christian Church (Disciples of Christ)* (St. Louis: Christian Board of Publication, 1987), p. 29.

ii. Jon Wiles y Joseph Bondi, Jr., *Curriculum Development: A Guide to Practice* (Columbus, Ohio: Charles E. Merrill Publishing Company, 1979), pp. 6-7.

iii. Para más información, véase el manual editado por Carol Fouts Krau, *A Practical Guide for your Congregation* (Nashville: Discipleship Resources, 1989), pp. 59-62.

iv. Roberto W. Pazmiño, *Foundational Issues in Christian Education: An Introduction in Evangelical Perspective* (Grand Rapids, Michigan: Baker Book House, 1988), pp. 167 y 218.

v. Para más información, consúltese a Krau, pp. 31-33. Véase, además, a Locke E. Bowman, Jr., *Planning for Teacher Education in the Parish* (Philadelphia: The Geneva Press, 1967).

vi. Donald Griggs, *Teaching Teachers to Teach* (Nashville: Abingdon Press, 1974), pp. 97-98.

vii. Griggs, *Teaching,* pp. 94-96.

viii. Krau, p. 55.

Tabla 3.1

Hoja para planear actividades

1. Nombre de la actividad:
_____

2. Meta de la actividad:
_____
_____

3. Grupo que se espera participe en la actividad:
_____

4. Descripción del programa:
_____
_____

5. Personas requeridas para llevar a cabo el programa:
_____
_____

6. Cronograma:
   a. Publicidad: _____
   b. Matrícula: _____
   c. Comienzo: _____
   d. Final: _____
   e. Evaluación: _____

7. Recursos físicos:
   a. Salones: _____
   b. Equipos: _____
   c. Materiales educativos: _____
   d. Libros: _____

8. Recursos humanos:
_____

9. Recursos financieros:
   a. Ingresos: _____
   b. Gastos: _____

10. Criterios de evaluación
_____
_____

4. El diseño de la clase

$\mathcal{L}$as revistas de escuela bíblica para maestros proveen sugerencias para el diseño y la organización de la clase. Estos manuales sugieren metas, objetivos, diversas formas de dividir la lección, distintas técnicas educativas y otras actividades. Sin embargo, estas sugerencias no limitan la responsabilidad del maestro o la maestra de escuela bíblica dominical. Como indicamos en el capítulo anterior, el comité de educación cristiana de la iglesia local debe establecer metas claras que guíen la tarea educativa de la congregación. Partiendo de estas metas, cada maestro debe escoger los objetivos que han de darle sentido de dirección a la clase. Del mismo modo, quien enseña la clase es responsable de seleccionar las técnicas, la metodología y las actividades que ha de usar para presentar la lección.

Ahora bien, no todos los maestros de escuela bíblica dominical tienen el adiestramiento necesario para diseñar la lección en forma eficaz. El propósito de este capítulo es ofrecer algunos consejos prácticos que puedan guiarle a la hora de preparar la lección. En este punto es necesario indicar que las ideas presentadas en este capítulo pueden parecer rudimentarias para personas que han estudiado pedagogía a nivel universitario. Una vez más, el propósito de este manual es ofrecer capacitación básica a personas que no tienen estudios en pedagogía. Los profesionales que dominan estos temas pueden usar este capítulo como un recurso para ayudar a otros y así mejorar el nivel educativo de la iglesia local.

I. La organización de la clase

Dado que la iglesia es una organización de membresía voluntaria, nadie está obligado a asistir o a formar parte de ella. Este carácter voluntario de nuestras comunidades de fe pone una gran presión sobre nuestro programa de educación cristiana y sobre la escuela bíblica dominical. Nuestros programas educativos deben ser lo suficientemente atractivos para motivar a la feligresía a participar regularmente en ellos. A continuación enumeraremos diez pasos que pueden ayudarle a preparar una clase interesante y llamativa.[i]

A. Provea un ambiente propicio para el estudio.

Hay varios factores que moldean la forma y el contenido de una clase. En primer lugar, tenga presente *la cantidad de tiempo* que tiene para dar la clase. La mayor parte de las congregaciones destinan cerca de una hora para la clase de escuela bíblica dominical. Sin embargo, esta cantidad de tiempo se reduce por asuntos tan sencillos como las tardanzas, los anuncios, el pase de lista y la colecta de las ofrendas. Tome en cuenta estos elementos, haga sus cálculos y ajuste sus planes de clase para terminar en el tiempo disponible.

En segundo lugar, tenga claro el número de estudiantes que componen su grupo. *El tamaño del grupo* es un factor determinante a la hora de escoger las actividades educativas que enriquecerán su clase. Claro está, los grupos pequeños son más manejables que los grandes. Si el grupo es demasiado grande, es muy difícil usar otra técnica que no sea la conferencia.

El tercer elemento a considerar es *el lugar donde se enseña la clase*. Lo ideal es tener un salón de clases debidamente equipado para cada grupo, con sillas y mesas movibles que le permitan llevar a cabo distintas actividades educativas. Sin embargo, la mayor parte de nuestras congregaciones no tienen suficientes salones para acomodar a toda la feligresía. Por esta razón, es común ver uno o más grupos reunidos en el templo. Así pues, el espacio y los muebles disponibles son un factor que determina las actividades que puede incluir en sus planes educativos.

Hay varias maneras de aprovechar al máximo el espacio en la iglesia local pequeña. En primer lugar, todos los espacios disponibles deben estar en condiciones de uso. Por ejemplo, hay congregaciones que usan salones para almacenar comida, instrumentos musicales, equipo de sonido y otros materiales que no emplean regularmente. Si estos materiales se guardaran en otros lugares —como en almacenes comerciales o en casas de personas de confianza— el salón podría usarse para dar clases. Segundo, la iglesia debe adquirir equipos que pueda manejar con facilidad. En este punto, las sillas y las mesas plegadizas ofrecen la ventaja de ser fáciles de mover, colocar y almacenar. Esto permite improvisar «salones» al aire libre, en el estacionamiento de la iglesia, en oficinas y en otros espacios que tradicionalmente no se usan así. Tercero, cada vez es mayor el número de congregaciones pequeñas que usan los santuarios como salón de usos múltiples. Para hacer esto debidamente, es necesario tener divisiones movibles que puedan ser colocadas o quitadas en poco tiempo. También es necesario usar sillas en vez de bancas. Con el equipo correcto, en pocos minutos el santuario puede dividirse en tres o cuatro salones de clases.

En cuarto lugar, debe tomar en cuenta *las habilidades y los intereses de su grupo*. Esto también determina en gran medida las actividades que puede llevar a cabo. Por ejemplo, no se les debe asignar lecturas largas y complicadas a niños pequeños, pues éstos no tienen las habilidades necesarias para comprenderlas debidamente. Tampoco debe discutir un tema como la comunicación en el matrimonio con adolescentes que tienen otros intereses. Adapte la clase a las habilidades e intereses de su grupo.

B. Prepárese debidamente.

Algo que debemos tener claro en nuestras mentes es que el manual del maestro es sólo una *herramienta* que utiliza nuestra iglesia local para organizar la escuela bíblica. La revista dominical no debe ser una camisa de fuerza que limite el diseño de nuestro programa educativo. Por el contrario, es un recurso educativo cuyo propósito es ayudarle a prepararse debidamente para enseñar su clase. Sobre este tema, Donald Griggs sugiere diez preguntas que usted debe formular a la hora de preparar la clase:

- ¿Qué voy a enseñar?
- ¿Qué espero que los alumnos aprendan?
- ¿Qué actividades educativas usaré para enriquecer la lección?

- ¿Qué recursos didácticos usaré?
- ¿Qué estrategias usaré para motivar al grupo?
- ¿Cómo arreglaré el salón de clase?
- ¿Qué preguntas haré?
- ¿Qué alternativas presentaré al grupo?
- ¿Qué directrices daré?
- ¿Cómo responderé a las preguntas y actitudes del grupo?[ii]

Otro aspecto importante de la preparación personal es la oración. El maestro debe pedir a Dios en oración la dirección y la inspiración necesarias para preparar y ofrecer una clase edificante. También debe interceder en oración por su grupo. Sólo Dios sabe los problemas que están enfrentando las personas que asistirán a su clase el domingo próximo. Pídale a Dios que le use como un canal de bendición para edificar a los demás. Del mismo modo, debe interceder por el programa educativo de la iglesia y por todas las personas que en él participan.

C. Lea cuidadosamente la lección.

La mayor parte de los manuales para maestros están organizados por trimestres o semestres. Las revistas que se publican trimestralmente contienen trece lecciones; las semestrales, veintiséis. Generalmente, las lecciones están organizadas en unidades que contienen de cuatro a siete lecciones cada una. Casi siempre la unidad es precedida por una breve introducción. Por su parte, las lecciones proveen dos tipos distintos de información: el contenido y las ayudas educativas. El *contenido* incluye la base bíblica, la introducción, el desarrollo y la conclusión de la lección. Las *ayudas educativas* pueden incluir la meta o propósito de la lección, objetivos operacionales, el bosquejo de la lección, una lista de actividades sugeridas para cada sección de la clase y un breve glosario o diccionario bíblico. Además de las lecciones, algunas revistas de escuela bíblica dominical incluyen artículos y ensayos sobre temas de interés para la congregación.

Si desea aprovechar al máximo la información que le ofrece el manual para maestros, siga los pasos que a continuación le ofrecemos. En primer lugar, tome unos minutos para hojear la tabla de contenido y familiarizarse con los temas de las distintas unidades de estudios. El segundo paso es leer los artículos introductorios y el material de apoyo que le ofrece el manual. Tercero, tan pronto sepa cuál es la unidad que va a enseñar, hojee las lecciones. Preste especial atención a la meta de la unidad, la base bíblica de las lecciones, el propósito de cada lección y las actividades educativas sugeridas por el manual. Cuarto, varios días antes de la clase, estudie el texto bíblico y lea la lección cuidadosamente (en el próximo capítulo de este libro le ofrecemos una guía para la lectura y el estudio de la Biblia). Tome nota de los puntos sobresalientes de la lección. Si después de leer el manual todavía tiene dudas sobre el tema de la clase, anótelas para buscar respuestas en un diccionario o un comentario bíblico. Si las dudas persisten, consulte a su pastor o pastora.

Una advertencia final: Sea responsable. No posponga el estudio de la lección para el sábado en la noche o el domingo en la mañana. La Biblia siempre tiene un mensaje nuevo para nosotros, no importa lo fácil que parezca la lección o lo bien que usted crea conocer el texto bíblico. Cuando estudiamos el texto bíblico con seriedad y profundidad, Dios revela su voluntad para nosotros.

D. Identifique la idea central.[iii]

Cada lección tiene una idea central que resume el mensaje que se desea comunicar. La mayor parte de las revistas de escuela bíblica dominical ofrecen ayudas educativas que explicitan las ideas centrales de sus lecciones. El manual del maestro debe tener una sección titulada «Propósito», «Meta», «Idea central» o «Verdad central». A la hora de preparar la clase, debe buscar esta sección en su manual y leerla. Para asegurarse de que ha entendido bien el mensaje que la lección intenta comunicar, haga una paráfrasis del propósito indicado en el manual, es decir, explíquelo en sus propias palabras.

E. Determine los objetivos de la lección[iv]

Aclarada la idea central, ahora debe pasar a redactar los objetivos de la lección. Los «objetivos» describen lo que el maestro espera lograr durante la clase. Por su parte, los «objetivos operacionales» se refieren a las acciones y actividades que se espera que los estudiantes puedan llevar a cabo al final de la clase; es decir, acciones y actividades que, con toda probabilidad, no podían realizar antes. Por ejemplo, para una clase sobre Apocalipsis 2 y 3 —el pasaje que contiene las siete cartas que el Cristo resucitado envía a las siete iglesias de Asia Menor— podría escoger alguno de los siguientes objetivos operacionales: «Al terminar la clase, los estudiantes podrán: a) definir la palabra *ángel*, b) explicar el significado simbólico del número siete, o c) hacer una lista de las recompensas que les esperan a los creyentes que permanecen fieles a Dios en medio de la tribulación». En resumen, los objetivos son los pasos necesarios para alcanzar la meta o el propósito de la clase.

Podemos enumerar, por lo menos, tres tipos de objetivos: cognoscitivos, afectivos y psicomotores. Los objetivos *cognoscitivos* refieren al conocimiento, es decir, a lo que se espera que los estudiantes puedan nombrar, definir, recordar, enumerar o interpretar al final de la clase. Los *afectivos* se refieren a la voluntad y a los sentimientos; por ejemplo, se espera que al final de la clase los estudiantes puedan escoger una cosa sobre otra, expresar su preferencia por algo, cambiar alguna actitud o demostrar sus sentimientos libremente. Los *psicomotores* se refieren a la conducta. Estos aspiran a lograr que los estudiantes modifiquen su conducta o participen en alguna actividad.

Los objetivos deben tener las siguientes características:

- Dan sentido de dirección a la clase. Su propósito es guiar al maestro en su labor y ayudarle a orientar la clase.
- Se formulan de acuerdo a la capacidad, los intereses y el nivel de desarrollo del grupo.
- Determinan los medios de enseñanza, es decir, las técnicas, los métodos, las actividades y los materiales educativos que han de utilizarse en clase.
- Reflejan lo que el maestro espera que los estudiantes puedan hacer. Se redactan en términos de la conducta que el maestro puede observar en sus estudiantes.
- Son realistas, alcanzables, posible de lograr. Es decir, son específicos, describen claramente lo que se espera lograr.

- Son medibles. Se expresan de manera clara para que el maestro o la maestra pueda determinar si han sido alcanzados o no.
- Tienen cierta secuencia. Por un lado, deben reflejar el desarrollo de la clase. Por otro, es razonable esperar que los estudiantes aprendan las destrezas más sencillas primero, para luego poder dominar las más complejas.
- Reflejan los valores tanto de quien enseña como de la comunidad de fe.

Algunos verbos que se prestan mejor para describir metas y otros para describir objetivos.[v] Por ejemplo, entre otros, puede usar los siguientes verbos para redactar la meta de la clase: comprender, conocer, creer, apreciar, sentir y reconocer. Del mismo modo, entre otros, puede usar los siguientes verbos para redactar los objetivos de la clase: demostrar, comparar, identificar, enunciar, crear, explicar, presentar, aplicar, encontrar, hacer una lista, describir, organizar, escribir, expresar, sugerir, localizar, discutir, citar, seguir, nombrar, resumir, contribuir, participar, seleccionar, preguntar y responder.

F. Seleccione las técnicas educativas.

Debemos reconocer que, en términos metodológicos, el funcionamiento de la mayor parte de las escuelas bíblicas dominicales deja mucho que desear. Por lo regular, las clases se ofrecen en forma de conferencia. El maestro es quien más habla en clase, y la participación de los alumnos es limitada. Para lidiar con este problema, en el capítulo final de este libro sugerimos actividades y técnicas educativas que pueden agilizar el funcionamiento de la escuela bíblica dominical. Recuerde que en su plan de clase debe incluir distintas actividades que apelen a personas con diferentes habilidades e intereses. Las siguientes preguntas pueden ayudarle a escoger actividades que sean apropiadas para el grupo: ¿Es interesante? ¿Proveerá oportunidades para que los estudiantes tomen decisiones y se expresen libremente? ¿Motivará al grupo a estudiar el tema con interés y entusiasmo? ¿Ayudará a los estudiantes a relacionar el tema con sus propias experiencias? ¿Puede llevarla a cabo en el tiempo disponible?

G. *Utilice diversos materiales educativos.*

Si nuestras clases han de ser dinámicas e interesantes, es necesario utilizar materiales de apoyo que permitan presentar el contenido en forma clara y eficaz. Más allá de la tiza y la pizarra —cosas que muchas de nuestras iglesias locales no carecen— es necesario proveer al estudiantado materiales educativos que estimulen su creatividad, les motive a participar y les ayuden a comprender la idea central de la lección.

Los materiales educativos pueden ser tan sencillos como cartulinas, papel de construcción, libros para colorear y crayones. También pueden ser materiales audiovisuales como mapas, fotografías, carteles y vídeos. Estos recursos no deben ser usados meramente para entretener al grupo o matar el tiempo. Por el contrario, deben usarse para avanzar la idea central de la lección. Alterne el uso de diversos materiales para que el grupo se familiarice con ellos y sus clases tengan variedad. Cuando vaya a usar un material nuevo, tome tiempo para explicar cómo se usa y cómo se relaciona con el tema que se está estudiando. Algunas preguntas que pueden guiar su selección de materiales educativos son las siguientes: ¿El material educativo promueve el aprendizaje? ¿Usted conoce el material y sabe usarlo debidamente? ¿Puede integrarlo a su plan educativo, o interrumpe el flujo de la clase?

H. *Desarrolle un plan de clase.*[vi]

En los párrafos anteriores comentamos por separado cuatro elementos integrales del plan de clase: La idea central, los objetivos, las actividades y los materiales educativos. En esta sección presentaremos sugerencias sobre cómo integrarlos en un plan de clase funcional, interesante y eficaz.

Aunque la mayor parte de las revistas de escuela bíblica dominical para maestros sugieren una estructura para la clase —por medio de bosquejos o de otras ayudas educativas—, es necesario que usted desarrolle su propio plan para la clase. A continuación sugerimos una estrategia sencilla que puede seguir para preparar su plan de clase. Una vez más, les recordamos a los profesionales en el campo de la educación que el propósito de este manual es ofrecer capacitación básica a personas que no tienen estudios en pedagogía. Les pedimos su indulgencia y les exhortamos a usar sus conocimientos para mejorar el nivel educativo de su congregación.

El maestro puede dividir su clase en cinco secciones principales: Apertura, presentación, exploración, respuesta creativa y cierre.[vii] Veamos las características de cada sección.

1) Apertura

La apertura es la parte más importante de la clase. En esta sección el maestro invita al grupo a participar, presenta la idea central o el propósito de la clase y relaciona el tema con las experiencias de sus estudiantes. En los momentos iniciales de la clase, los estudiantes deciden —ya sea al nivel consciente o inconsciente— si van a participar activamente en la clase o si simplemente van a permanecer pasivos ante el desarrollo de la lección.

2) Presentación

En esta sección se debe presentar la información necesaria para el estudio del tema. El contenido se presenta por medio de una o varias técnicas educativas. Puede usar estas técnicas para enriquecer la clase y motivar a sus alumnos a estudiar el tema.

3) Exploración

Presentar la información no es suficiente para desarrollar una clase interesante y eficaz. Los estudiantes necesitan tiempo para explorar el tema y los conceptos que presenta la lección. Las actividades de exploración involucran al estudiante en el estudio del tema por medio de la formulación de preguntas, la discusión de asuntos de interés, la solución de problemas, los ejercicios de práctica, el uso de recursos audiovisuales y la asignación de tareas, entre otros.

4) Respuesta creativa

En este punto, el plan de clase invita a los estudiantes a responder al contenido aprendido en la presentación y en la exploración del tema. El propósito de esta sección es que los estudiantes expresen lo que piensan acerca del tema y relacionen el contenido de la lección con las experiencias que han tenido a lo largo de sus vidas. En esta sección el maestro debe exhortar a los estudiantes a expresar en sus propias palabras lo que piensan, sienten y creen acerca del tema. De este modo, podrá evaluar si los estudiantes han alcanzado los objetivos operacionales trazados en la lección.

5) Cierre

En la última sección se resumen los puntos claves del contenido de la lección y se repasan los aspectos sobresalientes de la clase. A manera de cierre, el maestro puede hacer una breve oración, dirigir al grupo en un cántico apropiado o enseñarle al resto del grupo las manualidades que los demás han hecho.

Este esquema puede modificarse de diversas maneras. Algunas personas prefieren dedicar la quinta sección a la evaluación de la clase. Otras eliminan la cuarta sección e incluyen elementos de respuesta creativa en las secciones de presentación y exploración. Usted también puede modificar y enriquecer este bosquejo básico, al utilizar las ayudas educativas que ofrece la revista de escuela bíblica dominical para maestros, las sugerencias que maestros experimentados puedan ofrecerle, los modelos que presentan otros libros sobre educación cristiana y la información que ofrecen los manuales sobre pedagogía que pueda encontrar en la biblioteca de su comunidad o en las librerías del área. Finalmente, le recuerdo que puede encontrar una lista de técnicas y actividades educativas para la escuela bíblica dominical en el sexto capítulo de este libro.

I. Use una hoja de trabajo.

Para facilitar la preparación del plan de clase, puede diseñar una hoja de trabajo. Esta hoja debe tener espacio para escribir la idea central o el propósito, los objetivos operacionales y las actividades que llevará a cabo durante las diversas secciones de la clase. En la tabla 4.1 proveemos un modelo que puede ayudarle en el diseño de su hoja de trabajo.

J. Evalúe lo que ha hecho.

La experiencia es una gran maestra. Si desea mejorar sus habilidades en la enseñanza, debe evaluar cada clase. La evaluación le ayudará a identificar y afirmar sus puntos fuertes. Del mismo modo, le indicará los puntos débiles que debe tratar de mejorar. Las siguientes sugerencias pueden ayudarle a evaluar su trabajo.[viii]

1) Revise su plan de clase.

Puede utilizar preguntas como las siguientes para evaluar su plan de enseñanza: ¿Introdujo usted la clase debidamente? ¿Presentó adecuadamente todo el contenido de la lección? ¿Cuántas técnicas educativas utilizó? ¿Fueron eficaces? ¿Llevó a cabo las actividades educativas planeadas? ¿Incluyó actividades de exploración? ¿Dio el espacio necesario para que sus estudiantes pudieran responder creativamente a la clase? En resumen, lo que sucedió en la clase, ¿corresponde a su plan de clase?

2) Preste atención a los objetivos operacionales.

Los objetivos de la lección proveen criterios excelentes para evaluar la eficacia de la clase. ¿Los alumnos han alcanzado los objetivos trazados? ¿Han aprendido nueva información? ¿Han desarrollado nuevas destrezas? ¿Están modificando sus valores y creencias?

3) Seleccione un aspecto de la clase.

Otra alternativa es evaluar sólo un aspecto de la clase a la vez. Por ejemplo, puede evaluar el uso de una técnica educativa o la selección de materiales educativos. También puede evaluar sólo una sección de la clase. Es decir, evaluar sólo la presentación o la respuesta creativa. Esto le permitirá pulir sus actividades en un área a la vez, y después podrá evaluar las otras áreas periódicamente.

4) Observadores

Algunos miembros de nuestras iglesias locales tienen una amplia experiencia en el campo de la pedagogía en general, y en el de la educación cristiana en específico. ¿Por qué no pedirle a una de estas personas que asista a una o más sesiones de su clase para ayudarle a evaluar su trabajo? Si así lo desea, puede reclutar la ayuda del comité de educación cristiana para este proyecto. El comité no sólo puede recomendarle un observador sino que también puede ayudarle a desarrollar un cuestionario que sirva como instrumento de evaluación. Después de terminada la clase, reúnase con la persona que observó su clase para escuchar sus comentarios y pedirle que le indique lo que usted debe afirmar y lo que necesita mejorar.

5) Grabaciones

Grabe una porción de su clase para poder evaluar su trabajo y la participación del grupo. Puede usar una grabadora de audio y escuchar la clase de camino a casa. Si tiene acceso a una grabadora de vídeo, siéntase en la libertad de usarla. Recuerde que debe colocar la grabadora en un lugar seguro de manera que no pueda caerse, donde no moleste para que nadie tropiece con ella y donde no distraiga al grupo.

II. Conclusión

En este capítulo hemos ofrecido algunos consejos prácticos sobre el diseño de la clase de escuela bíblica dominical. Además, enumeramos diez pasos que pueden ayudar a quienes enseñan en la escuela bíblica dominical a preparar una clase interesante y atractiva. En el próximo capítulo presentaremos las destrezas básicas que todo maestro debe dominar para poder estudiar la Biblia con provecho.

Notas bibliográficas

[i.] Los diez pasos que discutimos en este capítulo han sido tomados de Griggs, *Basic Skills*, pp. 31-41, passim.

[ii.] Griggs, *Teaching*, pp. 4-5.

[iii.] Para mayor información, véase Donald L. Griggs, *Planning for Teaching Church School* (Nashville: Abingdon Press, 1985), pp. 11-13.

[iv.] Griggs, *Planning*, pp. 15-18; y Griggs, *Teaching*, pp. 12-16. Véase, además, el artículo de A. Helen Dueck, «Métodos, metas y objetivos» en *Los Niños y el Reino*, editado por Daniel S. Schipani (Bogotá: Buena Semilla/CAEBEC, 1987), pp. 65-73.

[v.] Griggs, *Teaching*, p. 14.

[vi.] En esta sección seguimos a Griggs, *Planning*, pp. 25-36; y Griggs, *Teaching*, pp. 36-43.

[vii.] Este esquema ha sido tomado de Griggs, *Teaching*, p. 41.

[viii.] Griggs, *Teaching*, pp. 44-46.

Tabla 4.1 ***Plan de clase***	
Fecha: Título de la lección:	
Idea central de la lección:	
Apertura	
Presentación	
Exploración	
Respuesta creativa	
Cierre	

5. Destrezas en el manejo de la Biblia

&l estudio de la Biblia es la base de la escuela bíblica dominical. Cada domingo nos acercamos a uno o más textos bíblicos, buscando su mensaje para la persona individual, nuestra iglesia y nuestro país. Para organizar la escuela bíblica, la mayor parte de nuestras iglesias locales dependen de revistas de escuela bíblica dominical que explican distintos pasajes de la Biblia. Las lecciones incluidas en estos manuales ofrecen un breve estudio bíblico y sugerencias prácticas para presentar el tema de la lección. Como ya lo indicamos anteriormente, al tratar el tema de la selección del currículo, debemos recordar que la revista es sólo una herramienta para preparar la clase; una herramienta que debemos enriquecer al estudiar el texto por nosotros mismos. En este sentido, afirmamos que *la simple lectura de la revista de escuela bíblica dominical para maestros no basta para preparar una lección eficaz*. Las personas que desean prepararse adecuadamente para enseñar su clase de escuela bíblica dominical siempre deben estudiar los textos bíblicos para la lección en forma independiente.

A continuación, presentaremos las destrezas básicas que todo maestro o maestra de escuela bíblica dominical debe dominar para estudiar el texto bíblico. Nuestro propósito es ofrecer recomendaciones prácticas que puedan ser usadas semanalmente en la preparación de la lección dominical.

I. Recursos básicos

Para estudiar una porción bíblica, la maestra debe tener a su disposición una pequeña biblioteca básica compuesta por algunos de los libros que a continuación recomendamos.[i]

A. La Biblia

La Biblia es una colección de sesenta y seis libros que, históricamente, han sido reconocidos por la iglesia cristiana como documentos inspirados por Dios. De hecho, la palabra *Biblia* es un vocablo griego que significa «libros», pues es el plural de *biblos* (lit. «libro»). La Biblia se divide en dos partes principales: el Antiguo y el Nuevo Testamento.

El Antiguo Testamento es una compilación de treinta y nueve libros que fueron escritos por diversos autores a lo largo de la historia del pueblo de Israel. Éste se divide en diversas secciones. La primera de éstas es el *Pentateuco* (Génesis, Éxodo, Levítico, Números y Deuteronomio). Estos libros contienen las tradiciones y los relatos más antiguos del pueblo de Israel. Después encontramos los *Libros Históricos* (Josué, Jueces, Rut, 1 y 2 Samuel, 1 y 2 Reyes, 1 y 2 Crónicas, Esdras, Nehemías y Ester). Aquí encontramos relatos que nos hablan del tiempo en que Israel llega a Canaán, y hasta la restauración del pueblo de Judá después del Exilio en Babilonia. Otro grupo importante lo componen los *Libros Poéticos* (Job, Salmos, Proverbios, Eclesiastés y Cantar de los Cantares). Finalmente, encontramos a los *Profetas*. Éstos se dividen en *Profetas Mayores* (Isaías, Jeremías, Lamentaciones, Ezequiel y Daniel) y *Menores* (Oseas, Joel, Amós, Abdías, Jonás, Miqueas, Nahúm, Habacuc, Sofonías, Hageo, Zacarías y Malaquías). Estos libros son reconocidos también por el judaísmo como documentos inspirados y forman las Sagradas Escrituras hebreas.

Algunas ediciones de la Biblia añaden otros libros al Antiguo Testamento. Estos son los llamados *Deuterocanónicos* (Tobías, Judit, 1 y 2 Macabeos, Sabiduría, Eclesiástico, Baruc y las adiciones a Ester y a Daniel), que significa «los libros del segundo canon». La mayoría de las denominaciones protestantes —al igual que el judaísmo— entiende que, aunque estos libros son muy importantes para entender el contexto del Nuevo Testamento, los mismos no forman parte de las Escrituras inspiradas por Dios.[ii]

Por su parte, el Nuevo Testamento es una colección de veintisiete libros escritos después de la muerte de Jesús de Nazaret y durante el primer siglo de la era cristiana. Éste también se puede dividir en varias secciones. La primera sección está compuesta por los *Evangelios*. Estos son documentos que nos hablan del ministerio, la pasión y la muerte de Jesús de Nazaret. Podemos hacer una diferencia entre los *Evangelios Sinópticos* (Mateo, Marcos y Lucas) y el *Evangelio de Juan*. La palabra *sinóptico* quiere decir que, por la similitud entre estos libros, se pueden leer en conjunto o en forma paralela. En el Nuevo Testamento también encontramos un libro de historia. Este es el libro de los *Hechos de los Apóstoles*, que narra el comienzo de la iglesia. La segunda sección contiene varias cartas o *Epístolas*. La mayor parte de estas cartas están asociadas al ministerio del apóstol Pablo, por eso se les llama *Epístolas Paulinas* (Romanos, 1 y 2 de Corintios, Gálatas, Efesios, Filipenses, Colosenses, 1 y 2 de Tesalonicenses, 1 y 2 de Timoteo, Tito, y Filemón). Otro grupo de cartas está compuesto por las llamadas *Epístolas Universales* (Hebreos, Santiago, 1 y 2 Pedro y Judas). El último grupo esta compuesto por 1, 2 y 3 de Juan. El último libro del Nuevo Testamento es el Apocalipsis.

El Antiguo Testamento fue escrito en hebreo —aunque algunas secciones del libro de Daniel fueron escritas en arameo— y el Nuevo Testamento fue escrito en griego. Por esta razón, la mayor parte de las Biblias disponibles en español y en inglés son *traducciones* de estos idiomas originales. La traducción que tradicionalmente usa la iglesia evangélica hispana y latinoamericana es la *Reina-Valera*, revisión de 1960 (VRV). Esta versión fue traducida originalmente por Casiodoro de Reina —un reformador español— en 1569 y fue revisada en 1602 por Cipriano de Valera. Por esta razón, la versión Reina-Valera revisada en el 1960 todavía guarda frases y palabras antiguas, que pueden ser difíciles de entender. No obstante, es la versión más conocida en América Latina y el Caribe. En el año de 1995, las Sociedades Bíblicas publicaron una nueva revisión de la versión Reina-Valera en una excelente edición de estudio. Esta revisión elimina varias de las palabras arcaicas, pero mantiene el sabor tradicional de la Reina-Valera. Recomendamos con entusiasmo esta edición de las Sagradas Escrituras.

Otra versión usada por la iglesia evangélica es la *Dios habla hoy* (DHH), que también es conocida como la «versión popular». Esta es una traducción que busca poner la Palabra de Dios en lenguaje accesible para el pueblo. También está disponible en una excelente versión de estudio. Además, hay otras muy buenas versiones católicas de la Biblia, como la *Biblia de Jerusalén* (BJ) y la *Biblia (Latinoamericana)*. Estas versiones de las Sagradas Escrituras son traducciones modernas de gran calidad.

Aquí debemos hacer una advertencia: todas las versiones mencionadas anteriormente son *traducciones* de la Biblia. Y no debemos confundir una traducción con una *paráfrasis*. Las «Biblias» parafraseadas son versiones que han sido adaptadas o traducidas del inglés al español. Por ejemplo, la versión del Nuevo Testamento titulado *Lo más importante es el amor*, es una paráfrasis traducida del inglés en la década de los setenta. Estas paráfrasis no deben ser utilizadas para preparar estudios bíblicos debido a que no son fieles a los idiomas originales en los cuales fue escrita la Biblia.

Todo maestro de escuela bíblica debe tener una Biblia en edición de estudio. Estas ediciones tienen notas explicativas al calce, una introducción a cada libro de la Biblia, mapas, y otras ayudas que serán útiles para el maestro. Ya hemos recomendado las ediciones de estudio de la *Reina-Valera 1995* y de la *Dios Habla Hoy*. Otro excelente recurso es *La Biblia de Jerusalén, edición de estudio* (existe una *edición pastoral* que tiene muy pocas notas explicativas y, por lo tanto, no la recomendamos).

Hay otras ediciones de estudio basadas en el texto de la Reina-Valera 1960, como *La Biblia Harper-Caribe*, la «*Thompson*» y *La Biblia anotada por Scofield*. Los apuntes, tanto de la *Thompson* como de la *Scofield*, fueron escritos originalmente en inglés, y ya son bastante viejos e inferiores a las notas de las versiones mencionadas en el párrafo anterior.

B. Diccionarios bíblicos y vocabularios teológicos

Aunque se parecen, un diccionario bíblico y un vocabulario teológico no son iguales. El *diccionario* presenta información general sobre nombres, lugares, personajes, pesos, medidas y un breve resumen del significado de las ideas o los conceptos teológicos más importantes de la Biblia. El *vocabulario teológico* contiene información extensa sobre el significado de los conceptos teológicos más importantes de la Escritura, tales como «amor», «pecado», «salvación», y otros, aunque no ofrece información general sobre la vida en los tiempos bíblicos.

No hay muchos diccionarios bíblicos disponibles en español. Trate de comprar uno de buen tamaño, pues así obtendrá mucho más información. Del mismo modo, trate de que el diccionario sea de publicación reciente, y que sus artículos estén actualizados. Hay diccionarios abreviados y diccionarios de bolsillo que contienen información provechosa, pero que por su brevedad resultan inadecuados para la persona que quiere estudiar las Escrituras a profundidad y con el propósito de enseñar una clase de escuela bíblica dominical.

Si es difícil conseguir diccionarios bíblicos en español, más difícil aun es conseguir vocabularios teológicos. El único que nos viene a la mente es el *Vocabulario de Teología Bíblica* editado por Xavier León-Dufour. Si puede adquirirlo, ésta será una de las piezas más importantes para su biblioteca teológica.

C. La concordancia

Una concordancia es un libro que contiene la mayor parte de las palabras que aparecen en la Biblia en orden alfabético. Bajo cada entrada, la concordancia ofrece una lista de la mayor parte de los versículos bíblicos donde aparece dicha palabra. Aunque tiene múltiples usos, la concordancia se usa principalmente para estudiar el significado de un concepto bíblico. Por ejemplo, si desea estudiar el significado de la palabra *anticristo,* puede buscar todos los versículos bíblicos donde aparece. Esto le permitirá leerlos y estudiarlos dentro del contexto más amplio donde aparece esta palabra.

Hay un detalle importante que el lector debe tener en cuenta a la hora de comprar una concordancia: debe estar basada en la traducción de la Biblia que usted usa regularmente. Es decir, si usted usa la versión Reina-Valera, debe comprar una concordancia basada en el texto de la Reina-Valera.

Al igual que en el caso de los diccionarios, hay concordancias de bolsillo que contienen información provechosa. De hecho, algunas ediciones de la Biblia incluyen concordancias abreviadas que son sumamente útiles para maestros y predicadores. Sin embargo, la información que contienen es limitada. Un error que debe evitar es comprar una concordancia basada en el texto hebreo del Antiguo Testamento o en el griego del Nuevo. Estas son muy difíciles de usar para personas que no tienen conocimientos básicos de los idiomas bíblicos. Si no planea tomar clases de idiomas bíblicos en algún instituto, colegio bíblico, universidad o seminario, no gaste su dinero en este tipo de concordancias.

D. Comentarios

Un comentario bíblico explica el significado de uno o más libros de la Biblia. Algunos comentan toda la Biblia en uno o dos tomos. Otros comentarios explican sólo uno o dos libros bíblicos. Sin embargo, por lo regular se editan en series que aspiran a comentar toda la Biblia.

E. Atlas y manuales bíblicos

Otros libros útiles para el estudio de las Escrituras son el *Atlas* y el *Manual Bíblico*. Un atlas bíblico explica la geografía de Israel: cómo cambió la configuración geopolítica del país en distintos momentos históricos. Por lo regular, el atlas ofrece un resumen de la historia de Israel. Por su parte, el manual bíblico es un documento que ofrece información general sobre los distintos libros de la Biblia.

F. Versiones computarizadas

Existen varias versiones de la Biblia en formatos computarizados. Las más útiles vienen en discos compactos que, además de la Biblia, contienen toda una biblioteca. Por ejemplo, la versión profesional de la *Compubiblia* —publicada por las Sociedades Bíblicas Unidas— contiene varias versiones de la Biblia, diccionarios bíblicos, concordancias, comentarios, mapas y hasta manuales bíblicos. También incluye versiones hebreas y griegas de las Sagradas Escrituras que, junto con los manuales y diccionarios, facilitan el estudio de estos idiomas bíblicos. El costo de este recurso es mucho menor de lo que costaría comprar todos los libros incluidos en el CD.

G. La biblioteca congregacional

Adquirir todos estos libros puede ser sumamente costoso. Una alternativa es consultarlos en la biblioteca de algún instituto, colegio bíblico o seminario cercano. Una alternativa mejor es organizar una pequeña biblioteca teológica en su iglesia local. Cada maestro y maestra podría comprar uno o dos de los libros recomendados para la biblioteca. De ser necesario, el comité de educación cristiana podría levantar fondos por medio de alguna actividad para comprar los libros más costosos.

II. Destrezas básicas

Ahora bien, no basta con comprar los recursos bibliográficos mencionados en la sección anterior. Cada maestro y cada maestra de escuela bíblica necesita desarrollar algunas destrezas básicas en el manejo de la Biblia para poder estudiarla con provecho. A continuación ofrecemos una lista de las destrezas que todo maestro debe dominar.[iii]

A. Encontrar pasajes bíblicos.

La primera destreza que usted debe desarrollar es saber cómo encontrar distintos pasajes bíblicos. Aunque para algunas personas esto puede parecer elemental y rudimentario, hay muchos líderes en la iglesia que no saben los nombres de los libros de la Biblia ni saben leer las referencias que aparecen en los márgenes del texto. A continuación ofrecemos algunos consejos prácticos que pueden ayudarle a desarrollar esta destreza.

En primer lugar, estudie la tabla de contenido que aparece en las primeras páginas de su Biblia. Allí encontrará una lista de los libros que contiene la Escritura. Por lo regular, esta lista está organizada de acuerdo al orden en que aparecen los distintos escritos bíblicos. Es decir, comienzan en Génesis y terminan en Apocalipsis. Sin embargo, hay Biblias que incluyen una segunda tabla de contenido organizada en orden alfabético. La tabla de contenido le indica el número de la página en la cual comienza cada libro de la Biblia.

Esto le ayudará a encontrar rápidamente cada libro de la Escritura, sobre todo si usted está comenzando en la fe.

Después que esté más familiarizado con la Biblia, debe aprender el orden general de los libros. Los maestros y las maestras de escuela bíblica dominical deben saber cómo responder a preguntas como las siguientes: ¿Cuáles libros están en el Nuevo Testamento? ¿Cuáles forman parte del Antiguo Testamento? ¿Cuáles son los cuatro Evangelios? ¿Cuál es el primer libro de la Biblia? ¿Cuál es el último libro que aparece en la Escritura? ¿Dónde está el libro de los Salmos? Aunque es bueno conocer esto de memoria, no quiere decir que debe hacerlo forzadamente. Hay maneras más sencillas de aprender a buscar estas referencias. Por ejemplo, puede usar la lógica para determinar dónde se encuentra el libro de los Hechos de los Apóstoles. Como los apóstoles eran los discípulos de Jesús, este libro debe estar en el Nuevo Testamento. Del mismo modo, si desea buscar el libro de Levítico, recuerde que los levitas eran parte del cuerpo sacerdotal hebreo y deducirá que está en el Antiguo Testamento.

Segundo, aprenda a reconocer las abreviaturas de los distintos libros de la Biblia. Generalmente, la tabla de contenido le indica cuál es la abreviatura indicada para cada uno de ellos. Algunos libros, como Job, tienen nombres tan cortos que no necesitan abreviarse. Otras son fáciles de deducir porque se refieren a libros que tienen nombres muy llamativos. Tal es el caso de Apocalipsis (Ap.) y de Ezequiel (Ez.). Ahora bien, algunos libros tienen nombres similares y sus abreviaturas pueden causar confusión. Por ejemplo, la abreviatura «He.», ¿se refiere a los Hechos de los Apóstoles o a la Epístola a los Hebreos? Se refiere a este último porque la abreviatura para los Hechos es «Hch.» Del mismo modo, hay escritos que tienen dos partes o más, como Samuel, Reyes, Crónicas, Corintios, Tesalonicenses, Timoteo, Pedro y Juan. Un error común es buscar en el Evangelio de Juan (Jn.) una referencia a la primera epístola de Juan (1 Jn.) y viceversa. Otro detalle que complica el aprendizaje de las abreviaturas es que éstas pueden variar en distintas traducciones de la Biblia. Por ejemplo, en la *Reina-Valera* la abreviatura de Hebreos es «He.»; mientras que en la *Dios habla hoy*, edición de estudio, es «Heb.». De todas maneras, debe estudiar estas abreviaturas hasta que pueda distinguirlas fácilmente.

Tercero, aprenda a leer las referencias a los capítulos y los versículos de las Escrituras. Originalmente, los libros de la Biblia no estaban divididos en capítulos y versículos. En el año 1226 el Arzobispo de Canterbury, Stephen Langton, dividió los libros de la Biblia en capítulos para facilitar su estudio. No fue sino hasta el año 1551, después de la invención de la imprenta, que los capítulos fueron divididos en versículos.[iv]

El propósito de las referencias es indicarle al lector lo que debe leer o consultar en un texto bíblico. Éstas generalmente siguen un formato establecido. Lo primero que encontramos es la abreviatura del libro de la Biblia. Ésta es seguida por las referencias al capítulo y al versículo donde se encuentra el pasaje. Los números de los capítulos y los versículos pueden estar divididos por uno o dos puntos. Por ejemplo, «Jn. 3:16» le indica que debe leer el versículo dieciséis del tercer capítulo del Evangelio de Juan. Otros formatos para las referencias pueden adoptar las siguientes maneras:

- Jn. 3: Capítulo tres del Evangelio de Juan
- Jn. 3—4: Capítulos tres y cuatro de Juan
- Jn. 3:16a: Primera parte del versículo dieciséis del tercer capítulo de Juan. Si el versículo es muy largo, pueden usarse otras letras para referir a sus distintas partes, «b» para la segunda parte, «c» para la tercera y así sucesivamente. Casi siempre se señalarán estas partes por los signos de puntuación que incluye el versículo.
- Jn. 3:16s: Refiere al versículo dieciséis y el siguiente, es decir, el diecisiete. En ocasiones, en vez de «s» se usa «ss» (subsiguiente).
- Jn. 3:1-16: Tercer capítulo de Juan a partir del primer versículo y hasta el dieciséis.
- Jn. 3:16—4:4: Desde el capítulo tres, versículo dieciséis, hasta el capítulo cuatro, versículo cuatro.
- Jn. 3:1-8, 10-16: Se refiere a los versículos del uno al ocho y del diez al dieciséis del tercer capítulo de Juan.
- Jn. 3:16; 7:38: Se usa para referirse a dos pasajes distintos del mismo libro. En este caso, el capítulo tres, versículo dieciséis y el capítulo siete, versículo treinta y ocho.

Como en el caso de las abreviaturas, algunas ediciones de la Biblia siguen otros formatos en sus referencias. Por lo regular, en los artículos introductorios se incluyen notas que explican estos formatos.

En cuarto lugar, aprenda a buscar los textos paralelos y las referencias cruzadas. Los *textos paralelos* son las historias que se repiten varias veces en la Escritura. Muchos libros de la Biblia contienen las mismas narrativas. Por ejemplo, Éxodo, Números y Levítico cuentan cómo Dios liberó a Israel del yugo egipcio y llevó a su pueblo a la tierra prometida. El libro del Deuteronomio vuelve a narrar esa historia liberadora. La historia de David y de los demás reyes de Israel y Judá aparece tanto en los libros de Samuel y de Reyes como en 1 y 2 de Crónicas. Por su parte, la mayor parte de los textos paralelos de la Biblia se encuentran en los Evangelios, que narran el ministerio de Jesús. Casi todas las versiones de la Biblia destacan las referencias a los textos paralelos. Unas las colocan debajo del título asignado al pasaje; otras las mencionan en las notas al calce; mientras que otras las colocan al margen del texto.

Las *referencias cruzadas* son alusiones a textos bíblicos que tratan temas similares. Por ejemplo, Romanos 6:4 dice que por medio del bautismo los creyentes «somos sepultados juntamente con [Cristo]». Ya sea al margen o en una nota al calce encontrará una alusión a Colosenses 2:12, que también afirma que los creyentes somos «sepultados con [Cristo] en el bautismo». El uso de las referencias cruzadas es particularmente necesario para el estudio de las doctrinas bíblicas.

Finalmente, recuerde que la mejor manera de desarrollar estas destrezas es por medio de la práctica. Debe practicar hasta que pueda encontrar las diversas referencias sin mayor esfuerzo.

B. Usar las notas al calce.

Como la Biblia es un documento complejo —y en ocasiones difícil de entender— la mayor parte de las versiones de la Biblia tienen anotaciones que explican diversos aspectos del texto. Al menos podemos encontrar dos diferentes tipos de anotaciones. El primero es la referencia que se encuentra al margen del texto bíblico (aunque a veces se encuentran al pie de la página o en el centro). Estas anotaciones le indican textos paralelos y referencias cruzadas que debe consultar. El segundo tipo es la nota al pie de la página, que por lo regular ofrece definiciones, explicaciones e información pertinente para el estudio de la Escritura. Algunas ediciones de la Biblia, como la *Dios habla hoy*, sólo emplean notas al calce. Otras, como la *Biblia de Jerusalén, Edición de estudio*, combinan ambos sistemas.

C. Leer el texto cuidadosamente.

Aunque sea obvio, debemos reafirmar que el estudio de las Sagradas Escrituras comienza con la lectura de los pasajes bíblicos que se van a considerar. Muchos maestros de escuela bíblica olvidan este paso y su estudio bíblico depende solamente del pasaje bíblico impreso en el manual para maestros. Una vez más, recalcamos que *la revista no sustituye a la Biblia*. Las porciones incluidas en la lección son, necesariamente, limitadas. Por ejemplo, no presentan los pasajes bíblicos que preceden ni los que siguen al texto que deseamos estudiar. Más aun, cuando el texto es muy largo o cuando se citan varios textos, por razones de espacio, la revista se ve obligada a citar la Biblia en forma fragmentada, dejando a un lado información que es pertinente para el estudio del texto. Así pues, la lectura de la Biblia es insustituible.

Una lectura cuidadosa del texto bíblico involucra los siguientes pasos:

- Lea el texto *varias veces y en varias versiones* de la Biblia. Por lo menos una de las lecturas debería hacerla en voz alta. Esto puede ayudarle a «descubrir» el «tono» del pasaje.
- Lea los *textos paralelos* (si hay alguno) a la porción que se está estudiando. Esto es particularmente necesario al estudiar los Evangelios sinópticos.
- Lea los *textos anteriores y posteriores* para entender el contexto literario.
- Busque *el significado de las palabras que le resulte más difícil de comprender* en el diccionario bíblico. Por ejemplo, nombres de lugares, de personas, pesos, medidas y otros semejantes.
- Busque, además, los *conceptos claves* del texto en el diccionario bíblico o en el vocabulario teológico. Por ejemplo, «amor», «pecado», «salvación», y otros para que pueda definirlos mejor para usted y sus estudiantes.
- Busque las *referencias geográficas* en los mapas. Si el texto bíblico bajo estudio menciona alguna ciudad o región importante de Israel, debe buscarlas en los mapas que están al final de su Biblia de estudio o en un atlas bíblico.

D. Anotar las preguntas e ideas que surgen de la lectura del texto.

Mientras lee el texto bíblico, debe anotar las preguntas, ideas y comentarios que vienen a su mente. Esto puede hacerse de varias maneras. Primero, puede anotar sus observaciones en tarjetas mientras va leyendo el texto. Si así lo prefiere, puede usar un cuaderno o una libreta para sus anotaciones. También puede usar la técnica de la «margarita», que consiste en escribir el texto bíblico en el centro de un papel, y luego poner sus comentarios e impresiones sobre el pasaje alrededor. Hay quienes prefieren hacer estas anotaciones directamente en sus Biblias de estudio y escriben comentarios en los márgenes del texto. Personalmente, yo acostumbro escribir mis observaciones en papeles adhesivos removibles («post-it») y colocarlos al pie de la página donde se encuentra el pasaje que estoy estudiando.

A continuación le sugerimos una serie de preguntas guías que pueden darle sentido de dirección en su encuentro con el texto.[v]

- ¿Qué preguntas surgen de su lectura del texto?
- ¿Qué sentimientos experimenta al leer el texto?
- ¿Qué recuerdos le trae a la memoria este texto?
- Imagine que está en el mundo que propone el texto: ¿Qué ve? ¿Qué oye? ¿Qué huele? ¿Qué saborea? ¿Qué toca? En resumen, ¿qué se siente al estar en el mundo que propone el texto?
- ¿Que cambios han ocurrido en su forma de entender el texto?
- ¿Qué temas e ideas le sugiere el texto?

Después de haber leído el texto y de haber anotado sus preguntas, ideas y observaciones, puede consultar ayudas secundarias como el libro del maestro de la revista de escuela bíblica dominical, comentarios bíblicos y otros materiales que puedan ayudarle a profundizar en el estudio del pasaje bíblico.

E. Estudiar el contexto.

Por lo regular, al acercarnos a las Escrituras estudiamos pasajes bíblicos cortos. Sólo en raras ocasiones estudiamos todo un libro de la Biblia. Esta fragmentación de la Escritura, aunque necesaria, puede traer diversos problemas de interpretación. A veces nos concentramos tanto en el contenido del pasaje que no prestamos atención al contexto del mismo. Por *contexto* me refiero a los elementos que rodean y, por lo tanto, determinan al texto.

Para hacerlo más explícito, podríamos decir que el contexto es algo así como el «vecindario» donde vive el pasaje bíblico; y por ello es importante estudiarlo. Al hablar del contexto, nos referimos a dos áreas en específico:

El contexto literario: ¿Dónde «vive» el texto que estamos estudiando? ¿Cuál es su vecindario? ¿Es parte del Antiguo o del Nuevo Testamento? ¿En qué libro de la Biblia se encuentra? ¿Cuál es el género de este libro? ¿Es narrativo, histórico, legal, poético, profético o apocalíptico? ¿En qué parte del libro se encuentra nuestro pasaje bíblico: al principio, en medio o al final? ¿Qué dicen los pasajes bíblicos que están antes y después de nuestro texto?

El contexto histórico: ¿Cuándo se escribió el pasaje que estamos considerando? ¿Bajo qué condiciones sociales se escribió este texto? ¿En qué forma, si acaso, refleja el texto las costumbres de su época?

Es importante tener estos detalles claros para no cometer errores en el proceso de la interpretación bíblica. Por ejemplo, si el texto que tenemos es poético o apocalíptico, sabemos que no debemos tomarlo literalmente. Estos géneros literarios emplean lenguaje simbólico para llevar su mensaje. Por lo tanto, es necesario interpretar estos símbolos para no caer en aberraciones que tergiversen el sentido de la Escritura.

Lo mismo sucede con los detalles históricos. Es necesario tener claro que, en ocasiones, los textos bíblicos reflejan condiciones y costumbres de la época en que fueron escritos. Debemos saber que varios de esos elementos ya no tienen vigencia para nosotros. Por ejemplo, el hecho de que la Biblia mencione esclavos y que ofrezca normas de conducta para ellos no implica que la esclavitud sea buena o que nosotros debamos respaldar sistemas esclavistas. Del mismo modo, no podemos aplicar los textos que hablan de las relaciones entre amos y esclavos a las relaciones obrero-patronales de hoy.

Para estudiar mejor el pasaje siempre puede encontrar información sobre el contexto del pasaje en los manuales, en los comentarios bíblicos y otros materiales secundarios.

F. *Preparar notas para la clase.*

Como ya lo dijimos, quien prepara una clase debe buscar las palabras y los conceptos más difíciles del texto bíblico en un diccionario bíblico, y debe leer los comentarios al texto que aparecen en la revista para maestros y, de ser posible, algún comentario bíblico adicional. Después de cumplir con estas tareas, seguramente tendrá mucha información sobre el texto en sus manos. Este es el momento de elegir, entre todos esos datos, la información que le va a comunicar a su grupo. Así que es importante que redacte notas para su clase. Éstas deben ser concisas, claras, y contener los versículos a que se refiere la nota que está redactando. Las notas pueden ser leídas ya sea antes de entrar en la discusión del texto o durante la discusión de los versículos a los cuales la nota hace referencia.

G. *Redactar preguntas para interrogar al texto bíblico con detenimiento.*

La persona que estudia las Sagradas Escrituras debe tener interés en investigar lo que el texto dice, por qué lo dice y qué importancia tiene este mensaje para hoy. Una de las maneras más eficientes de estudiar el texto es por medio de hacer preguntas al texto dado que nos puede llevar a un nivel más profundo de comprensión de ese pasaje. Aquí le proponemos un método sumamente sencillo, que consta en hacer preguntas de tres tipos: de clarificación, de interpretación y de reflexión.[vi] Estas preguntas pueden servir como recursos para agilizar el estudio y el desarrollo de la clase.

1) *Preguntas de clarificación*

Estas preguntas buscan aclarar los detalles de la acción. Por ejemplo: ¿Dónde ocurrió? ¿Por qué? ¿Cuándo? ¿Quiénes son los personajes? ¿Qué dijeron? ¿Qué dice el versículo tal? ¿Cómo termina la historia? En caso de ser un texto en forma de discurso, ensayo o sermón, las preguntas deben buscar la lógica o secuencia del pensamiento. Por ejemplo: ¿Cuál es el tema del pasaje? ¿Cómo se desarrolla el argumento? ¿Cómo se relaciona este punto con lo dicho anteriormente?

2) *Preguntas de interpretación*

Estas preguntas tienen el propósito de extraer el significado del texto a la luz de los datos obtenidos. Por ejemplo: ¿Qué implica? ¿Cuál es el propósito? ¿Por qué un personaje hace tal o cual cosa? Al comparar distintas versiones de la Biblia, ¿qué semejanzas o diferencias encuentra? ¿Cómo podemos explicarlas? Las preguntas de interpretación también pueden utilizarse en un texto discursivo. Por ejemplo: ¿Qué significa? ¿Cuál es el uso de esa palabra o concepto en el Antiguo Testamento, el Nuevo Testamento, en el pensamiento del autor o en el argumento del libro en cuestión? En esta parte del estudio es muy útil el estudio comparativo del significado de una palabra o de un concepto mediante el uso de una concordancia, de un diccionario teológico y de un comentario.

3) *Preguntas para la reflexión*

Estas preguntas tienen el triple propósito de resumir el estudio, determinar el mensaje o la enseñanza del texto y determinar la pertinencia del mismo para nuestro contexto. En pocas palabras, estas preguntas sirven para llegar a conclusiones. Sobre todo, las preguntas para la reflexión práctica deben llevarnos a pensar en la pertinencia del mensaje para cada persona en específico y para todo el grupo en general. En este punto también debemos pensar en las implicaciones de la enseñanza bíblica para la iglesia local, para la iglesia en general, para la comunidad y para el país. Por esta razón, las preguntas deben tomar en cuenta —con referencia al texto bíblico— la misión de la iglesia y las características de la comunidad a la cual sirve su congregación.

III. *Conclusión*

Este capítulo ha presentado los recursos y las destrezas básicas que toda maestra o maestro de escuela dominical debe manejar para poder estudiar el texto bíblico con provecho. En el próximo capítulo, discutiremos las diversas técnicas educativas que se pueden utilizar para planear, organizar y desarrollar las clases de la escuela bíblica dominical.

Notas bibliográficas

[i.] Para más información, véase el libro de Ada Lum y Ruth Siemens, *El Estudio Bíblico Creativo: Manual para la preparación de dirigentes* (Buenos Aires: Ediciones Certeza, 1977), pp. 155-164. Véase, además, el artículo de Jorge L. Bardeguez, «El estudio bíblico congregacional» *Casabe* 2 (Febrero 1990): 8-15.

[ii.] Hay otra serie de libros llamados «apócrifos». Estos son documentos antiguos que fueron escritos entre el primer siglo antes de Cristo y el segundo de la era cristiana. Los libros «apócrifos» —palabra griega que literalmente significa «escondidos»— pretenden ser libros sagrados, escritos por personajes importantes mencionados en la Escritura. Sin embargo, ni la iglesia cristiana ni la tradición judía los reconoce como tales. Algunos de los libros apócrifos del Antiguo Testamento son 1 y 2 de Esdras (este último también conocido como 4 Esdras) y Enoc. También existen varias clases de libros apócrifos del Nuevo Testamento. En la primera categoría se encuentran los llamados «evangelios» entre los cuales podemos citar el Arábigo de la Infancia de Jesús, de los Nazarenos, de los Ebionitas, de los Hebreos, de los Egipcios, de Pedro, de las Cuatro esquinas del mundo, de la Perfección, de la Verdad, de los Doce apóstoles y de los Setenta, de Felipe, de Tomás, de Matías, de Judas, de Santiago y de Bartolomé, entre otros. Otra categoría son los libros que hablan sobre los «Hechos» de Juan, de Pedro, de Pablo, de Andrés y de Tomás. En la de «epístolas» encontramos la de los Laodicenses, la Pseudo-epístola de Tito, 3 Corintios y la Correspondencia entre Séneca y Pablo. La cuarta categoría son los «Apocalipsis» donde se hallan el de Pedro, de Pablo, de Tomás y los Oráculos Sibilinos, entre otros.

[iii.] En esta sección seguimos a Griggs, *Basic Skills*, pp. 46-49. Si desea una introducción más detallada al arte del estudio bíblico, puede consultar el capítulo cuatro de nuestro libro, *Principios de predicación* (Nashville: Abingdon Press, 2003).

[iv.] Griggs, *Basic Skills*, p. 47.

[v.] Estas preguntas guías han sido desarrolladas en diálogo con el Dr. Ronald J. Allen, profesor de Nuevo Testamento y Predicación en el Christian Theological Seminary, en Indianapolis, IN. Si desea considerar preguntas guías adicionales, consulte su libro *Contemporary Biblical Interpretation for Preaching* (Judson Press, Valley Forge, 1984).

[vi.] Griggs, *Teaching*, p. 49, ofrece otra clasificación: preguntas informativas, preguntas analíticas y preguntas personales.

6. Técnicas educativas para la escuela bíblica

$\mathcal{L}$as perspectivas que hemos presentado en este libro sobre la educación cristiana requieren que la escuela bíblica dominical provea experiencias novedosas y transformadoras. Sin embargo, debemos reconocer que, en la mayor parte de nuestras congregaciones, las técnicas educativas que regularmente se emplean tienden a ser monótonas y repetitivas. La escuela bíblica, por lo regular, se ofrece en forma de conferencia, y parece ser que la participación de los asistentes está limitada a leer el manual del alumno y a contestar las preguntas planteadas por el personal docente. Como hemos indicado a lo largo de este libro, la gran mayoría de las personas que sirven como maestros o maestras de escuela bíblica dominical en nuestras congregaciones no tienen adiestramiento formal en el campo de la pedagogía. Por eso, tienden a usar una sola técnica educativa —la conferencia— en todas sus clases. Lo que es más, en lugar de «conferencias», estas clases se convierten en largos sermones donde el grupo de estudio permanece pasivo mientras el maestro o la maestra lo dice todo. Esta manera de dar clases es sumamente ineficaz.

En este capítulo ofreceremos treinta técnicas educativas que usted puede utilizar para agilizar sus clases de escuela bíblica dominical.[i] Para facilitar tanto el estudio como el uso de las mismas, las dividiremos en cinco categorías distintas:

- Técnicas para leer el texto bíblico
- Técnicas para comenzar la clase
- Técnicas para explorar el contenido de la clase
- Técnicas para la respuesta creativa
- Técnicas para concluir la clase

Recomendamos que, siguiendo la tabla 6.1, escoja una técnica para cada una de las partes de la clase. Recomendamos que no utilice más de cinco minutos, respectivamente, en la lectura bíblica y comienzo de clase. La exploración y la respuesta creativa no deben tomar más de veinte minutos cada una. Y no pase más de diez minutos en la conclusión.

La discusión de cada técnica incluirá su definición, una declaración de su propósito y un ejemplo de cómo usarla. Notarán que las técnicas presentadas son sumamente sencillas, tanto que casi cualquier persona puede usarlas sin mayor esfuerzo.

I. Técnicas para leer el texto bíblico

La lectura del texto bíblico es uno de los momentos más importantes de la clase. Por lo regular, ocurre al principio y da pie a la discusión del texto. En la mayor parte de nuestras congregaciones se lee el texto bíblico de varias maneras: en silencio, en voz alta (ya sea por una sola persona o por toda la congregación) y de manera antifonal (una persona lee un versículo y el resto del grupo lee el siguiente). A continuación vamos a presentar cuatro técnicas que pueden usarse para leer el texto bíblico: la lectura secuencial, la lectura a voces, la lectura alternada y la lectura dramatizada.

A. La lectura secuencial

Definición: Es un tipo de lectura en grupo, donde cada persona lee un versículo del texto. Por lo regular, se le pide a una persona que lea el primer versículo de la lección, a la que está a su lado que lea el segundo y así sucesivamente hasta terminar la lectura del pasaje bíblico. Esta técnica funciona mejor cuando el grupo es pequeño, de manera que cada alumno pueda leer un versículo. Además, funciona mejor cuando la mayor parte de las personas que componen el grupo tienen versiones similares de la Biblia. Claro está, el maestro o la maestra debe asignar la lectura a personas que no tienen dificultad para ver o para leer.

Propósito: Esta técnica fomenta la participación del grupo. En especial, es bastante eficaz para motivar a personas que son muy tímidas para contestar preguntas, pero que no tendrán temor de leer un texto.

Ejemplo: Si el texto que sirve de base a su lección es Marcos 1:40-45, pídale a cinco estudiantes que lean un versículo cada uno.

B. Lectura a voces

Definición: Diferentes personas leen las partes que corresponden a los diferentes personajes que incluye un texto. Muchos pasajes bíblicos presentan conversaciones o intercambios entre varios personajes. Este tipo de lectura requiere que determinemos cuántos personajes o «voces» aparecen en el pasaje bíblico. Segundo, requiere que seleccionemos un número de estudiantes que sea igual al número de los personajes. Tercero, debemos asignar un personaje a cada estudiante. Cuarto y último, se lee el texto a voces.

Propósito: Esta técnica también fomenta la participación del grupo en la clase. Además, resalta la variedad de personajes que interaccionan en las historias bíblicas.

Ejemplo: En Juan 1:43-51 hay cuatro personajes o «voces»: el «narrador», Jesús, Felipe y Natanael. Pídale a cuatro estudiantes que lean la parte correspondiente a cada uno de esos personajes.

C. Lectura alternada

Definición: Consiste en leer el texto que sirve de base a la lección en versiones diferentes de la Biblia. Como vimos en el capítulo anterior, existen distintas versiones de la Biblia. Así que para llevar a cabo esta técnica, debe conseguir por lo menos dos versiones de las Sagradas Escrituras.

Propósito: Además de añadir variedad a la lectura de la Biblia, esta técnica también ayudará a interpretar mejor el pasaje bíblico.

Ejemplo: Lea Juan 3:1-16 tanto en la Versión Reina-Valera 1995 como en la Versión Popular.

D. Lectura dramatizada

Definición: Mientras alguien lee el texto en voz alta, un grupo de personas representa las escenas que se describen. La Biblia está llena de historias, por lo que éstas bien pueden dramatizarse. El «drama» puede ser sumamente sencillo, sin disfraces y sin escenario.

Propósito: Los dramas nos ayudan a visualizar y, por lo tanto, a interpretar el pasaje bíblico. También le añaden variedad a la clase, haciéndola mucho más interesante y llamativa.

Ejemplo: Pídale a un grupo de estudiantes que dramatice Lucas 24:11-18.

II. Técnicas para comenzar la clase

Los primeros minutos de clase tienen una importancia crucial para el feliz desarrollo de la escuela bíblica dominical. La parte introductoria de la clase es donde se capta la atención del grupo y se le puede motivar a participar en ella. Sugerimos las siguientes técnicas educativas para comenzar la lección:

A. Texto y contexto

Definición: La mayor parte de nuestros estudiantes desconoce el contexto histórico y literario de los textos bíblicos. Por lo tanto, se puede comenzar la clase explicando la geografía de las tierras bíblicas. Bien puede usar mapas para explicar la localización de los lugares mencionados en la Biblia o quizás con el uso de otros medios audiovisuales. Del mismo modo, también puede explicar el contexto literario del texto, indicando en qué libro de la Biblia se encuentra y qué ideas presenta dicho libro antes de la lectura que van a abordar.

Propósito: Esta técnica es útil para presentar materiales nuevos. Úsela especialmente al principio de una unidad de estudio.

Ejemplo: El capítulo 25 del segundo libro de Reyes narra la caída del reino de Judá ante el ataque del ejército babilónico. Localice estos países en mapas del mundo antiguo y describa la manera en que el ejército babilónico llegó hasta Palestina.

B. Informe

Definición: Un informe es una breve presentación sobre palabras, conceptos, referencias a lugares o personajes importantes en el mundo antiguo que aparecen en los pasajes bíblicos y que a veces son un tanto difíciles de comprender. Los informes no deben ser presentados por el maestro o la maestra sino por el estudiantado. Estos pueden encontrar la información necesaria para preparar su informe en la Biblia de estudio, un diccionario bíblico o en una enciclopedia.

Propósito: Los informes son útiles para presentar material nuevo y explicar conceptos, palabras, y demás.

Ejemplo: Hechos 2 menciona la fiesta de Pentecostés. Pídale a uno de sus alumnos que prepare un breve informe indicando qué era la fiesta de Pentecostés y su importancia dentro del calendario judío.

C. Historia y reacción

Definición: Busque una historia que sea breve y apropiada para ilustrar la idea principal de la lección y narrarla a la clase. Después, pídale al grupo que dé su opinión sobre la misma.

Propósito: Esta técnica sirve para ayudar al grupo a descubrir nuevos aspectos sobre el tema de estudio. Además, este método ayudará al estudiantado a relacionar los nuevos conceptos con ideas que ya conocen.

Ejemplo: Lea el libro *Cuentos y Encuentros,* escrito por el Dr. Pedro Sandín Fremaint[ii], que contiene diez cuentos basados en historias bíblicas. Comience su clase de escuela bíblica dominical usando uno de estos cuentos.

D. Señale la secuencia

Definición: En ocasiones, es necesario indicar cómo se relaciona la lección que estudiamos en un domingo dado con las lecciones anteriores. Por lo regular, las revistas de escuela bíblica dominical organizan las lecciones en unidades de estudio. Estas unidades pueden tener cuatro o más lecciones. Esta técnica requiere que indiquemos el lugar que ocupa la lección en la unidad de estudio.

Propósito: Además de lo señalado arriba, también puede usar esta técnica para ayudar al grupo a descubrir nuevos aspectos sobre el tema de estudio. Con toda seguridad, esta técnica ayudará al estudiantado a relacionar las ideas que ya conocen con los nuevos conceptos que presenta la lección.

Ejemplo: Supongamos que la unidad de estudio contiene trece lecciones sobre la vida del Rey David. Si usted va a enseñar la décima lección de la unidad, puede comenzar su clase señalando la secuencia de las historias y los temas estudiados en las nueve lecciones anteriores.

E. La pecera

Definición: Hay temas que se prestan al diálogo vigoroso y hasta al debate. Para usar esta técnica, se escogen dos personas del grupo y se les asigna un tema dado. Estas personas se colocan en medio del salón, con los demás rodeándolas y de manera que todos puedan escucharlas. Una de las personas debe tomar una posición sobre el tema y la otra la posición contraria. Los participantes no necesariamente tienen que estar de acuerdo con las ideas que defenderán ante el grupo. Lo importante es que participen en el «juego», presentando los mejores argumentos posibles a favor de su posición.

Propósito: Use esta técnica para despertar el interés del grupo y para motivar la participación del estudiantado en la clase.

Ejemplo: Comience la clase con una discusión sobre un tema controversial. Escoja dos estudiantes que hablen del tema, uno a favor y el otro en contra. Pídales que se sienten en medio del salón, de manera que las demás personas puedan escuchar el debate.

F. Encuesta de opiniones

Definición: Otra forma de manejar un tema controversial es haciendo una encuesta de opiniones. Es decir, podemos comenzar la clase preguntándole al grupo cuál es su opinión sobre un tema dado. La encuesta puede ser tan sencilla como pedirles que levanten la mano si están a favor o en contra de algo. Si desea una encuesta más elaborada, puede hacer un formulario con preguntas que sean adecuadas para obtener la información deseada. Además, la encuesta no necesariamente tiene que limitarse a su grupo. Si así lo desea, puede incluir en ella a personas de la congregación y hasta de la comunidad.

Propósito: Esta es otra técnica motivadora que puede despertar el interés del grupo en el tema de estudio.

Ejemplo: Lleve a cabo una encuesta sobre las expectativas de su feligresía acerca del futuro de su congregación. Diseñe un cuestionario corto, que tenga más o menos unas cinco preguntas. Por ejemplo, entre otras cosas, puede preguntar si cree que la congregación crecerá o si cambiará su estilo de adoración. Pídale a un grupo de estudiantes que entreviste a unas veinte personas. Tabule los resultados y preséntenlos la semana próxima en su clase.

III. *Técnicas para explorar el contenido de la clase*

El desarrollo de la lección es la parte más larga y difícil de preparar. Durante esta parte, se explora el contenido de la lección. A continuación ofrecemos técnicas que facilitan la presentación, la explicación, la elaboración y el análisis de los temas de estudio.

A. *Conferencia*

Definición: Una conferencia es una charla corta y bien elaborada sobre un tema en particular. Note que esta definición es distinta al concepto equivocado que mucha gente tiene sobre la conferencia, pues hay quien piensa que consiste en hablar por toda una hora sin permitir la participación del grupo. En el contexto de la escuela bíblica dominical, una conferencia no debe durar más de veinte minutos. De otro modo, no tendrá tiempo para la respuesta creativa ni para la conclusión de la clase.

Propósito: La conferencia permite la presentación clara y concisa de temas nuevos. También es útil para comunicar conceptos difíciles de comprender.

Ejemplo: Supongamos que la nueva unidad de estudio trata sobre el libro de los Proverbios. Puede pedirle a su pastor o a su pastora que prepare una conferencia de no más de veinte minutos de duración sobre este libro. Ahí debe explicar qué es un proverbio, por qué fueron compilados en un libro, por qué son importantes, para qué se usaban en el antiguo Israel y cómo podemos usarlos con provecho hoy día.

B. Lectura dirigida

Definición: Todo maestro y toda maestra usa libros, artículos o lecciones escritas para preparar sus clases. Una de las alternativas que tiene el educador cristiano es traer algunos de esos materiales de lectura para que el grupo los lea en clase. Una forma de hacerlo es pedirle al grupo que tome diez minutos para leer la lección. Otra alternativa es traer copias de materiales educativos que, de alguna manera, ilustren el tema de estudio. Es importante que la lectura no tome más de diez minutos, de otro modo no tendrá tiempo para discutir el material. También es importante que la lectura utilice un lenguaje sencillo, o de otra manera el grupo no obtendrá ningún provecho.

Propósito: Este tipo de lectura permite presentar mucho material nuevo en poco tiempo. Del mismo modo, es útil para presentar material que pueda aclarar los puntos más difíciles de la clase.

Ejemplo: Pídale a sus estudiantes que lean el material de la lección de un tirón. La lectura no debe tomar más de diez minutos. Espere hasta que casi todas las personas hayan terminado de leer antes de comenzar la discusión.

C. Entrevista

Definición: Esta técnica requiere que una persona estudie bien lo que la Biblia dice sobre un personaje relacionado con la lección. También puede vestirse como si fuera el personaje bíblico. Una vez esté todo bien preparado, el «personaje» bíblico debe visitar el salón de clases para que los estudiantes le hagan una entrevista donde el personaje pueda contestar las preguntas del grupo.

Propósito: Esta técnica sirve para presentar material nuevo de forma amena y hasta divertida.

Ejemplo: Pídale a una persona adulta que estudie detenidamente lo que la Biblia dice sobre Juan el Bautista. Después de estudiar al personaje, la persona debe disfrazarse, visitar el salón y contestar las preguntas que tanto usted como el grupo puedan hacerle.

D. Definición y comentario

Definición: Hay algunos textos bíblicos que contienen varios conceptos difíciles de comprender. Del mismo modo, hay lecciones que exploran textos bíblicos que no son muy conocidos, presentando muchísimo material nuevo. En casos como estos, puede hacer una lista de los conceptos y las ideas nuevas y proceder a definirlas con la ayuda del grupo. Puede encontrar las definiciones de estos conceptos en una Biblia de estudio, en un buen diccionario o manual bíblico.

Propósito: Esta también es una técnica que permite la presentación efectiva de material nuevo. Además, puede usarse al comenzar una nueva unidad de estudio.

Ejemplo: Imaginemos que su lección gira en torno a Isaías 6, el pasaje que narra su llamamiento al ministerio profético. Entonces puede definir términos como: *Rey Uzías*, *trono*, *templo*, *serafines*, *santidad*, *inmundo* y *pecado*, entre otros.

E. Preguntas y respuestas

Definición: En el capítulo anterior ya hemos explicado los distintos tipos de preguntas que podemos usar para desarrollar la clase. Repasando, las preguntas pueden ser de clarificación, de interpretación y de reflexión. Esta técnica requiere que el maestro o la maestra prepare una serie de preguntas sobre el tema y con base en ellas pueda desarrollar su clase.

Propósito: Esta es una técnica que ayuda a la elaboración o desarrollo de la clase. Además, permite valorar el aprendizaje o comprensión del tema. Puede usarla cuando el grupo conoce y, por lo tanto, maneja bien el texto bíblico que sirve de base a la lección.

Ejemplo: Lea la lección para el próximo domingo. Escriba veinte preguntas: diez sobre los datos, ocho sobre la interpretación del texto y dos para la reflexión práctica sobre la misma.

F. Discusión en grupo

Definición: Es casi seguro que quienes componen su grupo de estudio tengan diversas opiniones, ideas y actitudes sobre el tema de la clase. Una discusión organizada del tema fomentará la exploración del tema y promoverá la participación en la clase. Para organizar la discusión, deberá usar preguntas de interpretación y de reflexión práctica.

Propósito: Lograr que los asistentes participen expresando sus ideas y entendimientos sobre lo que se estudia. Esta es también una técnica de elaboración o desarrollo. Úsela cuando el tema sea propicio y aliente la participación del grupo.

Ejemplo: Discuta qué conducta debemos exhibir hacia las personas que dicen chismes sobre otras personas. Asegúrese de que cada estudiante tenga la oportunidad de expresar su opinión sobre el tema. Las únicas reglas serán: hay que hablar por turno; nadie podrá hablar por segunda vez hasta que el resto del grupo haya expresado su opinión; y hay que mostrar respeto hacia los demás.

IV. Técnicas para la respuesta creativa

Una vez presentado el contenido de la lección, debemos llevar a cabo por lo menos una actividad que permita la respuesta creativa. Estas actividades le dan al estudiantado la oportunidad de expresar cómo han comprendido la lección y qué efecto ha tenido en sus vidas. Sugerimos, pues, las siguientes actividades para fomentar la respuesta creativa a la lección.

A. Paráfrasis

Definición: Consiste en que el grupo narre o escriba la historia en sus propias palabras. El lenguaje bíblico puede ser difícil de comprender. Aun las versiones populares de la Biblia pueden contener palabras, conceptos y referencias que el grupo tendrá dificultad para captar. Esta técnica requiere que el grupo, dirigido por el maestro o la maestra, haga una «paráfrasis» del texto bíblico. También pueden darle sabor contemporáneo a su nueva versión del texto bíblico, haciendo referencias a personas, lugares y hechos de la actualidad.

Propósito: Esta técnica permite que el maestro o la maestra determine si el grupo ha comprendido el tema de estudio. Además, ayuda a contextualizar el texto.

Ejemplo: Si el texto que sirve de base a la lección es Hechos 3:1-10, pídale al grupo que lea el texto con detenimiento y que reescriba la lección en sus propias palabras.

B. Describe el futuro

Definición: Muchos pasajes bíblicos describen un episodio relativamente corto de la vida de un personaje. Sin embargo, nos dan poca o ninguna información sobre lo que después ocurrió con dicha persona. Por ejemplo, Marcos 1:40-45 narra cómo Jesús sanó a un hombre que tenía una grave enfermedad de la piel llamada lepra, pero después ya no lo vuelve a mencionar. Esta técnica le pide al grupo que imagine lo que pudo haber pasado con el personaje bíblico en cuestión. El estudiantado debe imaginar el futuro y luego compartir sus ideas con los demás.

Propósito: Esta técnica permite que el maestro o la maestra determine en qué medida el grupo ha comprendido el tema de estudio.

Ejemplo: Si la lección gira en torno a Mateo 14:13-21, pídale al grupo que imagine a una de las personas que participó en la alimentación de los cinco mil y que se encontró con alguna de sus amistades. ¿Cómo le describiría los acontecimientos ocurridos anteriormente? ¿Cuál sería la reacción de la otra persona?

C. Carta de presentación

Definición: Muchas lecciones le piden al estudiantado que examine su vida, analizando su conducta actual y sus actitudes hacia el futuro. En respuesta a este llamado a la introspección, puede pedirle a sus estudiantes que escriban una carta de auto-presentación. Pueden dirigirla a una amistad, a sus padres o a Dios. En la carta, cada estudiante debe tratar de describirse de manera adecuada y tomar en cuenta algunas de las ideas principales de la lección que se está estudiando.

Propósito: La carta nos permite medir el impacto que ha tenido el tema de estudio en cada estudiante.

Ejemplo: Pídale a cada estudiante que le escriba una carta a Dios donde se presente a sí mismo. Aunque Dios nos conoce perfectamente, cada quien debe tratar de describirse en la forma más completa posible. También, pida que cada estudiante mencione a Dios sus sueños y sus aspiraciones para el futuro.

D. Emblema

Definición: Otra técnica que puede ayudar a que cada estudiante se examine a sí mismo o a sí misma es el emblema. La idea es que los estudiantes escriban o dibujen en una hoja de papel grueso o una cartulina tres cosas que de alguna manera los representen. Para hacer este ejercicio, el grupo necesitará papel grueso, cartulina, cordel, tijeras y lápices o marcadores de colores.

Propósito: Esta técnica también nos permite medir el impacto que ha tenido el tema de estudio en cada estudiante y abrirá la puerta para conocer mejor las aspiraciones de los estudiantes.

Ejemplo: En una hoja de papel, cada estudiante debe dibujar tres cosas que de alguna manera le represente. Por ejemplo, si un estudiante toca un instrumento musical, ama la lectura y asiste a la universidad, puede dibujar un piano, un libro y la fachada de un edificio universitario. Después que hayan terminado, cada cual debe colocarle un pedazo de hilo grueso o cordel al dibujo. En seguida, deben colgárselos del cuello y explicar el significado de sus dibujos al resto del grupo.

E. Lluvia de ideas

Definición: Algunos temas provocan reacciones muy fuertes en el estudiantado. Estos temas se prestan para una «lluvia de ideas». Para usar esta técnica, necesita una pizarra donde escribir. Pídale al grupo que, después de considerar el tema, respondan ofreciendo ideas sobre el mismo. Anote todo lo que diga el grupo, no importa lo disparatado que parezca. Después de unos diez minutos, puede pedirle al grupo que lea con detenimiento sus apuntes. Acto seguido, comience a agrupar las ideas, organizándolas de acuerdo a su tema o las acciones que puedan recomendar. En este momento puede rechazar las ideas y reacciones que sean inadecuadas.

Propósito: Esta técnica nos ayuda a contextualizar el mensaje, a tener una mejor idea sobre las ideas de los estudiantes al enfrentar un asunto, y a medir su impacto en el estudiantado.

Ejemplo: Organice una sesión de «lluvia de ideas» sobre la manera en que debemos comportarnos con el sexo opuesto o sobre las cosas que sabemos que existen aunque no las podemos ver a simple vista (el aire, los átomos). Pídale a cada estudiante que mencione por lo menos una cosa. Anote todas las ideas en el pizarrón o en hojas de papel para que pueda pegarse a las paredes.

F. Titulares

Definición: Todos los pasajes bíblicos tienen una o más ideas centrales. Esta técnica le ayuda a resumir estos temas. Invite a sus estudiantes a pensar como «periodistas». Pídales que escriban «titulares de noticias» alusivos al pasaje o a la historia bíblica que se esté estudiando. El grupo puede presentar estos titulares en distintos formatos. Pueden imaginar que trabajan como reporteros, ya sea en periódicos, la radio o la televisión. Una variante jocosa consiste en escribir titulares sensacionalistas, como los que usa la prensa amarillista.

Propósito: Esta es otra técnica para contextualizar el tema de estudio, que permite ver la manera en que el grupo ha comprendido la lección.

Ejemplo: Lea la historia bíblica de la crucifixión de Jesús, como aparece en Marcos 15:21-41. ¿Qué tipo de titular escribiría para una noticia basada en esta historia bíblica? Imagine que la historia sale en un periódico sensacionalista, ¿cómo sería el titular? Imagine ahora que el periódico lo controlan los enemigos de Jesús, ¿cómo leería el titular?

Medina ## G. Anuncio de empleo

Definición: Invite a sus estudiantes a diseñar un anuncio donde se ofrezca un «trabajo». El anuncio debe indicar las cualidades necesarias para llevar a cabo el trabajo e indicar la remuneración o el salario que ofrece el empleo. Por ejemplo, puede escribir anuncios ofreciendo el «empleo» de ser rey de Israel, de profeta o de un discípulo o discípula de Jesús.

Propósito: Esta técnica también ayuda a contextualizar el tema de estudio, desarrolla la imaginación de los estudiantes, y a usted le permite medir la comprensión que el grupo está teniendo de la lección.

Ejemplo: Pídale al grupo que imagine que han de colocar un anuncio en el periódico donde se solicita una persona que traicione a Jesús. ¿Qué cualidades debe tener una persona para traicionar a Jesús, tal como lo hizo Judas? ¿Cuáles serían los «requisitos» de tal empleo? Si así lo desean, pueden tratar de darle un toque de comicidad al anuncio.

Jose M-

H. «Collage»

Definición: Otra forma de responder a las ideas presentadas en la lección es haciendo un *collage*. Esto es un montaje de láminas y fotos recortadas de revistas o de periódicos. Las fotos deben hacer referencia al tema de la clase. Esta técnica requiere el uso de cartulinas, tijeras y pegamento, además de las revistas y los periódicos usados.

Propósito: Esta técnica también fomenta la creatividad, la imaginación del grupo y halla una forma gráfica de expresar sus ideas sobre el tema de la clase.

Ejemplo: Junto al resto del grupo, recorte láminas de revistas cuyas imágenes representen dos cosas: el sufrimiento y la alegría. Cuando tengan suficientes láminas, busquen dos cartulinas, pegando en una las imágenes del sufrimiento y en la otra las imágenes de la alegría. Escriban la palabra «crucifixión» sobre una de las cartulinas y la palabra «resurrección» sobre la otra.

I. Composición

Definición: Muchas personas tienen suficiente talento musical como para escribir un estribillo (o incluso un himno) sobre el tema de la clase. Pueden usar la música de alguna canción o himno conocido por todos. Hasta pueden hacer un «rap» sobre el tema.

Propósito: Esta es otra técnica que fomenta la creatividad, la imaginación del grupo y que despierta o afirma los talentos musicales o poéticos que tienen los estudiantes.

Ejemplo: Elaboren una estrofa o estribillo que resuma las ideas principales del Salmo 104. Si el grupo es muy grande, divídalo en grupos pequeños. Cada grupo debe componer su propia canción. Finalmente, deben cantar sus composiciones ante los demás.

J. La tira cómica

Definición: El humor puede ser muy útil en el salón de clases. El grupo puede responder a las ideas presentadas en las clases al dibujar uno o más de los personajes bíblicos que aparezcan en la lección. Deben colocar una enorme burbuja sobre la cabeza del personaje (como las que aparecen en las tiras cómicas de los periódicos) y entonces pueden escribir dentro de la burbuja una paráfrasis de lo que dijo el personaje bíblico o lo que creen que pensó. Esta técnica se puede usar tanto en grupo como individualmente. Se le puede pedir al estudiantado que dibuje los personajes, o el maestro o la maestra puede traer los dibujos ya hechos con las burbujas en blanco. Esta técnica requiere el uso de papel grueso, cartulina y lápices o marcadores de colores, entre otros.

Propósito: Esta técnica fomenta la creatividad y la imaginación del grupo y les ayuda a ver que la vida —e incluso la Biblia— puede verse con un buen sentido de humor.

Ejemplo: Dibuje una figura que represente a Poncio Pilato. Coloque sobre el dibujo una burbuja donde el grupo pueda escribir lo que creen que pensó el personaje bíblico o parafrasear lo que dijo. Si así lo desean, pueden darle un toque de comicidad al dibujo.

V. Técnicas para concluir la clase

Es necesario que nuestra clase de escuela bíblica dominical llegue a conclusiones claras que puedan guiar a quienes componen el grupo en el desarrollo de su vida cristiana. Para concluir la lección, podemos emplear las siguientes técnicas educativas:

A. «Graffiti»

Definición: Después de estudiar el contenido de la clase, pídale al grupo que dibuje (pinte) un «graffiti» que contenga una frase que de alguna manera resuma alguna de las enseñanzas de la clase.

Para llevar a cabo esta tarea, necesitará materiales como pedazos grandes de tela o rollos de papel y pintura de varios colores (preferiblemente en aerosol). Una variante de esta técnica es el «cruzacalles», donde el grupo escribe su «graffiti» en un pedazo de tela rectangular, coloca pedazos de madera en las puntas y usa cordeles o mecates para colocarlo en un lugar visible.

Propósito: Esta técnica invita al grupo a resumir las enseñanzas de la lección.

Ejemplo: Imagine que va a ofrecer una lección sobre Juan 15:1-17. Pídale al grupo que resuma el mensaje del texto en una frase corta. La frase podría ser, por ejemplo, «somos ramas», «siempre unidos» o «Jesús es nuestro amigo», entre otras. Coloque una hoja bastante grande de papel en el piso. Pídale a alguien que escriba la frase en el papel de estraza con una lata de pintura en aerosol. Otros compañeros de clase también podrán escribir sus frases en el papel. Una vez que la hoja esté seca, pueden pegarla sobre una de las paredes del salón de clases.

B. Lema

Definición: Otra manera de resumir las enseñanzas de la clase es pidiéndole al grupo que escoja una frase que encierre las enseñanzas de la lección. Debe ser una frase corta, de no más de siete palabras. De ser posible, debe ser llamativa y fácil de memorizar.

Propósito: Esta técnica también invita al grupo a ser concretos y a retener de forma sintetizada las enseñanzas de la lección.

Ejemplo: Si el texto de la lección es Romanos 1:16-17, pídale al grupo que resuma el mensaje del texto en una frase corta. Por ejemplo, el lema puede ser «Evangelio: poder de Dios para salvación», o «Vivir por la fe confiando en Jesús», entre otros.

C. Metas

Definición: Si el tema de la clase es particularmente inspirador, puede pedirle a cada estudiante que se proponga una meta personal. Por ejemplo, si está estudiando el tema de la oración, puede invitar a cada persona a lograr la meta de orar a solas todas las mañanas, de dirigir un servicio de altar familiar semanalmente o de asistir regularmente al servicio de oración.

Propósito: Esta es una técnica de aplicación, que invita a cada estudiante a poner en práctica las enseñanzas de la lección.

Ejemplo: Supongamos que su lección trata sobre la oración. Pídale a sus alumnos que establezcan una meta personal relacionada a su vida de oración. Cada estudiante debe decidir cuántas veces va a orar a la semana y cuándo va a hacerlo.

D. Adoptar una posición

Definición: Algunas lecciones confrontan al grupo con temas que requieren tomar una posición. Es decir, presentan dos opciones o más, forzando al estudiantado a escoger una de ellas. Con esta técnica se le pide al grupo que adopte una posición clara con respecto a un tema dado. Esta posición debe tomar en cuenta la definición del tema, las distintas opciones posibles, las enseñanzas de la Biblia y la teología y, finalmente, la posición de nuestra iglesia ante la situación.

Propósito: Esta es otra técnica de aplicación, que invita a cada estudiante a poner en práctica las enseñanzas de la lección pero que también les dará sentido de dirección al tomar decisiones.

Ejemplo: Si su lección trata sobre la vida de «José el soñador», invite al grupo a pensar en la actitud de venganza que mantuvo hacia sus hermanos. ¿Qué creen? ¿Acaso su actitud fue correcta? ¿incorrecta? ¿Cómo fue que, finalmente, pudo cambiar su actitud?

VI. Conclusión

Estas son sólo algunas de las muchas técnicas y actividades educativas que puede usar para enriquecer su clase. Esperamos que pueda usarlas, en unión a las actividades educativas sugeridas en el manual para maestros y maestras que regularmente usa, para que de esta manera haga más interesantes sus clases de escuela bíblica dominical.

Notas bibliográficas

[i.] Este capítulo está basado en las técnicas y las sugerencias educativas que ofrece Jack Renard Presseau en *Teachniques: Creative Designs for Teachers of Youth and Adults* (Atlanta: John Knox Press, 1982).

[ii.] Pedro Sandín Fremaint, *Cuentos y Encuentros: Hacia una Educación Cristiana transformadora* (Bayamón, PR: Iglesia Cristiana Discípulos de Cristo, 1994).

Tabla 6.1
Técnicas y actividades educativas

1. Técnicas para leer el texto bíblico

Lectura secuencial | Lectura a voces | Lectura alternada | Lectura dramatizada

2. Técnicas para comenzar la clase

Texto y contexto | Informe | Historia y reacción

Señale la sequencia | La pecera | Encuesta de opiniones

3. Técnicas para explorar el contenido de la clase

Conferencia | Lectura dirigida | Entrevista

Definición y comentario | Preguntas y respuestas | Discusión en grupo

4. Técnicas para la respuesta creativa

Paráfrasis | Describe el futuro | Carta de presentación

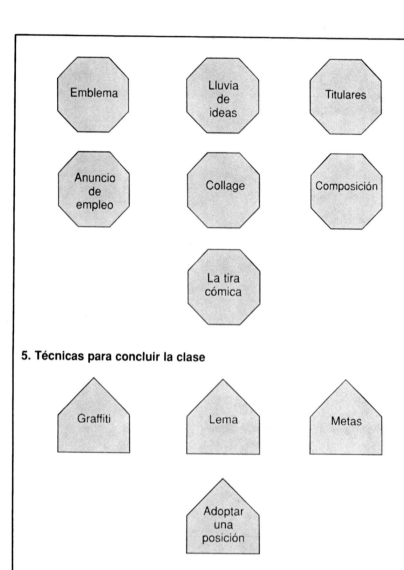

5. Técnicas para concluir la clase

Bibliografía

Bardeguez, Jorge L. «El estudio bíblico congregacional» en *Casabe* 2 (Febrero 1990): 8-15.

Benson, C. H. *El arte de enseñar: Curso para maestros cristianos.* San José: Editorial Caribe, 1971.

Bowman, Locke E. *Planning Teacher Education in the Parish.* Philadelphia: The Geneva Press, 1967.

Cascante, Fernando. «Entender el currículo: Punto de partida para una transformación de la educación cristiana» en *Vida y Pensamiento* 5:2 (Julio-Diciembre, 1985): 35-39.

Ford, LeRoy. *Modelos para el proceso de enseñanza-aprendizaje: Una guía de autoestudio para la planeación de lecciones.* El Paso, Texas: Casa Bautista de Publicaciones, 1985.

Freire, Paulo. *Las iglesias, la educación y el proceso de liberación humana en la historia.* Buenos Aires: Ediciones La Aurora, 1974.

_____. *Pedagogía del oprimido.* México: Editorial Siglo XXI, 1970.

_____. *Pedagogy of the Opressed.* New York: Herder and Herder, 1972.

Galindo, Israel. *El arte de la enseñanza cristiana.* Valley Forge, PA: Judson Press, 2002.

Gaud, Carmen. «La Biblia y el desarrollo de materiales curriculares» en *Lumbrera a nuestro camino*, ed. Pablo A. Jiménez. Miami: Editorial Caribe, 1994, pp. 173-176.

Griggs, Donald. *Basic Skills for Church Teachers*. Nashville: Abingdon Press, 1985.

_____. *Planning for Teaching Church School*. Nashville: Abingdon Press, 1985.

_____. *Teaching Teachers to Teach: A Basic Manual for Church Teachers*. Nashville: Abingdon Press, 1985.

Herrera, Marina. «Meeting Cultures at the Well» en *Religious Education* 87:2 (Spring 1992): 173-180.

Hinart, John T. *Ministry of Christian Education: A Manual for the Christian Church (Disciples of Christ)*. St. Louis, Missouri: Christian Board of Publication, 1987.

Irrizarry, Elba T. *Iglesia y educación: El proceso de mediación ideológica*. Guaynabo: Editorial Sonador, 1987.

Jiménez, Pablo A. «Bases bíblicas para la Educación para la Paz» en *Casabe* 3 (1991): 9-12.

_____. «Creando una nueva humanidad: Reflexión sobre la tarea educativa de la iglesia basada en Efesios 4:17-32» en *Más Voces: Reflexiones Teológicas de la Iglesia Hispana*, ed. Luis G. Pedraja. Nashville: Abingdon Press, 2001, pp. 139-145.

_____. «Creando una nueva humanidad: Reflexión sobre la tarea educativa de la iglesia basada en Efesios 4:17-32» en *Apuntes* 11:4 (Invierno 1991): 75-80.

_____. «El propósito de la educación cristiana (continuada)» en *Lecciones Cristianas*, Libro del maestro 7:1 (Septiembre-Noviembre 1992): 78-81.

_____. «El propósito de la educación cristiana» en *Lecciones Cristianas*, Libro del maestro 6:4 (Junio-Agosto 1992): 77-80.

_____. *Introducción a los ministerios juveniles*. Decatur, GA: Libros AETH, 1997.

_____. *Principios de predicación*. Nashville: Abingdon Press, 2003.

Krau, Carol Fouts, ed. *Planning for Christian Education: A Practical Guide for Your Congregation*. Nashville: Discipleship Resources, 1989.

Lum, Ada y Siemens, Ruth. *El Estudio Bíblico Creativo: Manual para la preparación de dirigentes*. Buenos Aires: Ediciones Certeza, 1977.

Martin, William. *Fundamentos para el educador evangélico*. Miami: Editorial Vida, 1987.

Padilla, C. René, ed. *Nuevas alternativas de educación teológica*. Buenos Aires: Nueva Creación, 1986.

Pascual Morán, Anaida. *Hostos: Precursor de la educación para la paz*. Guaynabo, Puerto Rico: Editorial Sonador, 1989.

Pazmiño, Robert W. *Foundational Issues in Christian Education: An Introduction in Evangelical Perspective*. Grand Rapids, Michigan: Baker Book House, 1988.

_____. *Cuestiones fundamentales de la educación cristiana*. Miami: Editorial Caribe, 1995.

_____. *Principios y prácticas de la educación cristiana: Una perspectiva evangélica*. Miami: Editorial Caribe, 1995.

Presseau, Jack Renard. *Teachniques: Creative Designs for Teachers of Youth and Adults*. Atlanta: John Knox Press, 1982.

Rowell, J. Cy. *Foundational Aims of Christian Education: For the Christian Church (Disciples of Christ)*. Forth Worth: Brite Divinity School, s/f.

Schipani, Daniel S. ed. *Los niños y el reino: Guía para la educación cristiana*. Bogotá: Buena Semilla/CAEBEC, 1987.

_____. *El reino de Dios y el ministerio educativo de la iglesia*. San José: Editorial Caribe, 1983.

_____. *Religious Education Encounters Liberation Theology*. Birmingham, Alabama: Religious Education Press, 1988.

_____. *Teología del ministerio educativo: Perspectivas latinoamericanas*. Buenos Aires: Nueva Creación, 1993.

Schipani, Daniel S. y Paulo Freire. *Educación, libertad y creatividad: Encuentro y diálogo con Paulo Freire*. San Juan: Universidad Interamericana de Puerto Rico, 1992.

Trejo Coria, Daniel, et. al. *Manual de formación docente*. Bogotá: Fondo Educativo del Comité Luterano de Literatura (América Latina, Zona Norte), 1981.

Westerhoff, John H. *¿Tendrán fe nuestros hijos?* Buenos Aires: Editorial La Aurora, 1978.

8 Tencas Educativas Dominical
inamica ilustraciones
escojer
r. de part

Al comited. de Educacion Critiana
Finan ciero conferencia
U Human

11 Revista
sierto
12 ÷ 3 osetivos importante para una
leccion
cognoscitivos, y Efectivos y psi/comotores
conosimiento/ Sentimientos [conduta

8
www Biblos. com.

① EDucacion Cristiana
Busca que la igrecia Cresca y conosca
seprecura que
y Cresca en Fe en Cristo
9. ~~Recursosque Pl~~~~103~~
recursos que debemos desarrollar
una comonidad. Educativa

r. Fisicos Finacieros y humanos

3, Cuales son los departamentos
dentro de la Iglesia Apartamento
la comonidad. y escuela Domenical

4- Cuales son los 3 Apestos que
Ayga una buena Com
Madurar en laFe el crecimiento
conosimiento de la palabra

5 Mencione 2 tipos de necesidades
a Comonitarias
⑤ Infernas y Externas

6 =3 responsabilidade dela Comondida Cristiana
es el procram edecucional
Planificar la Educacion de la
Planiar el procrama
7 responsabilidades de la escuela Dmini
pagina 43 — 3 pregantas

CPSIA information can be obtained
at www.ICGtesting.com
Printed in the USA
EDOW031506240113

9 780687 037162